你们是我今生最美的决定

——『家有两宝』的那些事

艾安妮 著

華中科技大學出版社
http://www.hustp.com
中国·武汉

图书在版编目（CIP）数据

你们是我今生最美的决定："家有两宝"的那些事 / 艾安妮 著 .—武汉：华中科技大学出版社，2019.1

ISBN 978-7-5680-4687-9

Ⅰ . ①你…　Ⅱ . ①艾…　Ⅲ . ①儿童教育 - 家庭教育　Ⅳ . ① G782

中国版本图书馆 CIP 数据核字 (2018) 第 239515 号

你们是我今生最美的决定："家有两宝"的那些事　　艾安妮　著

Nimen Shi Wo Jinsheng Zuimei de Jueding："Jia You Liangbao" de Naxieshi

---

策划编辑：饶　静
责任编辑：田金麟
封面设计：金金酱
责任校对：刘　竣
责任监印：朱　玢
出版发行：华中科技大学出版社（中国·武汉）　电话：(027)81321913
　　　　　武汉市东湖新技术开发区华工科技园　邮编：430223
录　　排：华中科技大学惠友文印中心
印　　刷：湖北新华印务有限公司
开　　本：880mm × 1230mm　1/32
印　　张：6.375
字　　数：176 千字
版　　次：2019 年 1 月第 1 版第 1 次印刷
定　　价：38.00 元

目录

CONTENTS

001 序：还好生了两个孩子

004 1. 老九 | 谈一场毫无准备的爱

很多夫妻在没有准备好的情况下要了第二个孩子，这个意外降临的孩子会让一个家庭措手不及。

016 2. 王世如 | 人生不是一场模仿秀

在一些小城镇，很多夫妻看到周围的同学、朋友都要了二胎，也会不知不觉地走到这一步。大家都是这样生活的，那我们也就如此了。而到了真正养育“二孩”的阶段，人生还是一场模仿秀吗？

025 3. 纪晨 | 如何跨越“隔代教育”的鸿沟

很多父母是一线城市的高级金领，掌握先进的育儿理念，不接受隔代教育，采取亲自指导育婴师的育儿方式。当家里有了两个孩子后，他们面临更多理想与现实的冲突，又将如何跨越这条鸿沟？

033 4. 常永裕 | 孩子是最美的征途

创业者，往往意味着披荆斩棘，也意味着 24 小时无休。在这样的家庭里，父亲常常是缺席的，而母亲全程陪伴。父亲需要学会如何对待每一个新生的生命，这也是一场人生的创业。

042 5. 阿慧 | 爱的平衡

在中国的大多数家庭里，年轻父母忙于工作，便请老人帮忙带孩子。这时，育儿往往不只涉及教育，还是一场家庭关系学。相较只有一个孩子的家庭，“二孩”家庭有更加复杂多元的家庭关系需要处理。而这世上并不存在一套可以适用于每一个家庭关系处理的法则。你需要懂得边界和尽量理解，做到爱的平衡。

055 6. 娇子 | 在经济实力面前，有爱是否足够

对一个经济实力薄弱的家庭而言，生育两个孩子容易，养大却很困难。他们或许可以拥有与天下所有孩子一样丝毫不打折扣的爱。但这样的爱，是否足够？

C O N T E N T S

065 **7. 单微微 | 最亮的星星是哪一颗**

给孩子最好的——养育一个孩子的时候，父母尚且容易做到，有了两个孩子则一定会感到困惑与纠结。究竟什么是精英式的教育？精英的标准是否有多种定义呢？

075 **8. 景石磊 | 爱的方式就是爱的语言**

爱情与年龄无关，但夫妻两个人的年龄差距有时候确实会在孩子教育过程中形成双重标准。当夫妻两个人有着截然不同的教育理念，“二孩”的家庭结构只会让问题雪上加霜。

087 **9. 李力 | 原来最恐怖的不是“别人家的孩子”**

原来最恐怖的不是“别人家的孩子”，而是自家兄弟或姐妹。在“二孩”家庭中，当一个孩子无比优秀时，另一个孩子该如何消除这种心理上的落差和阴影呢？

099 **10. 刘千一 | 一个青春期少年与一个婴儿的 PK**

婴儿期和青春期，恐怕是孩子成长过程中最麻烦的两个阶段，“二孩”家庭很可能会遭遇这两种情况的对撞。此时，恭喜你，考验升级，你需要更多的智慧去解决这一难题。

114 **11. 吴菲菲 | 平淡生活里的温暖守望**

点一盏灯，捧一卷书，守着似水流年，吴菲菲愿意就这样平淡地过一生。当很多看似不可错过的人生机会到来时，只要是不能和丈夫、孩子团聚在一起，她都选择了放弃。

126 **12. 杨咏 | 如何给你完整的爱**

年轻父母面对无法承受“二孩”的重担，采取了分散式养法。爷爷奶奶带走一个孩子，姥姥姥爷带走另外一个孩子。一家人分散在三个城市，这样的分裂要如何弥补和解决？

136 **13. 白家康 | 众星捧起的独月 VS 两个月亮**

独生子女时代，每个孩子都是小皇帝、小公主。“二孩时代”来临后，情况看起来没有发生什么转变。众星仍然在捧月，只是两个月亮之间难免有冲突。

C O N T E N T S 

148 **14. 陈晨飞 | 那些年，我走过的误区**

早教、幼儿园、小学、中学，很多父母在孩子的任何阶段都要追求教育资源的最优化设置，而当第二个孩子降生后，这种优化的难度就会大大提升。

158 **15. 陈梅 | 心里的天秤，平等的爱**

有些老人思想守旧，有重男轻女的看法和做法。父母想要对这样的情形做出弥补，就应该对女儿更加关爱和袒护吗？

172 **16. 顾明 | 每一份爱都可以是完整的**

我们只要一个孩子，把最完整的爱都给他，不分给别人——这是很多父母挂在嘴上的论调。可是当一个家庭里有了两个孩子，一定是他们分割了父母的爱吗？可不可以每一份爱都是完整的？

182 **17. 邓其阳 | 汇聚在一起，便是江河**

离异后再婚组成的“二孩”家庭会遇到比普通家庭更多的问题，两个孩子之间如何相处？父母双方如何与对方的孩子相处？

195 **后 记**

你们是我今生最美的决定

——「家有两宝」的那些事

序：还好生了两个孩子

从事儿童心理咨询工作的这些年，我遇到过各式各样的教育问题。但近几年随着二胎政策的放开，这些教育问题渐渐都归于一个，那就是——一个都不会养呢，两个可怎么办啊?

老人们常说“只要把孩子生出来，自然有办法养得起”。但在如今这个时代,先不提在经济上是否能养得起两个孩子,精神上就已经“养不起”了。

我在工作中经常会遇到一些妈妈，一面劝着别人“你这才一个，趁着年轻再生一个吧！两个孩子才是伴儿，往后还能有个照应”，与此同时，她们自己却在“二孩”的问题上犹豫不决。

“我可不要二胎了，一个就够了，打死都不要！”

“真好，我可得给我家大宝再添一个伴儿，哪有那么多顾虑，船到桥头自然直！”

能斩钉截铁说出这两句话，并贯彻到底的父母，寥寥无几。因为大多数的父母都做不到那么潇洒，犹豫不决似乎成了现代人的通病。其实当你徘徊不定时，你的内心是想生的，只是碍于各种各样的想法。此时，人们在精神上就已经被“二孩”来了个下马威。

有人对照着各式各样的教育宝典教育两个孩子，却发现自己看了一百本书依旧顶不过孩子的一句哭闹。“为什么看了那么多道理，却依然教不好孩子？”这是很多“二孩”父母见到我后第一句话。抢玩具、耍脾气、打架、离家出走……家长从工作的筋疲力尽中逃出来，又陷入了家庭的旋涡。

但家长们却忘了审视自己，你们真的贯彻了书上的理论吗？即便你反复告诉自己不能随便发火，但看到孩子随地丢玩具时，脱口而出的可能还是怒骂。此时，我们在精神上就已经被“二孩”吓得手足无措了。

其实二胎根本就没有想象中那么可怕，我支持每一位想生二胎的妈妈，也理解每一位不打算生的妈妈。但有时候，手足情不是父母的爱能弥补的。当你忙碌了一天，回到家看到两个小朋友坐在一起嘀嘀咕咕地说着什么，说到一半还“咯咯”地笑了出来，那时的你会感谢当初劳累的自己，说一句：“还好，我生了两个孩子。”

养育二胎不难，只要方法正确，你会获得双重乐趣。生一个孩子，家长或许是轻松的，孩子可能不会有足够的安全感；生两个孩子，家长前期或许很劳累，但后期却是满满的幸福，用三年劳累换未来三十年的幸福，何乐而不为呢?

本书选取了十七个我近几年处理过的典型的家庭案例，文中的均是真实案例。当对我诉说的人越来越多时，我开始意识到，在国家“二孩”政策彻底开放的当下，他们所面对的苦恼和困惑已经不是个例。每个已经或是即将拥有二孩的家庭，都能在这些人的故事里找到自己的影子，并会受到一定的启发。

从另一个角度来说，这些形形色色的家庭，尽管有着不一样的困难和挑战，但我在他们的故事里却毫无例外地感受到了爱的温情与伟大。希望这样的美好，你能和我共同体会。

很多夫妻在没有准备好的情况下要了第二个孩子，这个意外降临的孩子会让一个家庭措手不及。

1. 老九｜

谈一场毫无准备的爱

（一）

“夫妻一方为独生子女，并且只有一个子女的，可以生第二个孩子了。”随着二孩政策的实施，当初兴致勃勃要生二孩的父母们，反而越来越多地开始观望，有些甚至站在了排斥的那一方。

当一部分父母为了迎接二孩跃跃欲试时，还有一大批父母根本还没做好准备，“上帝的礼物”就来敲门了。

老九曾和我的先生是同一个公司不同部门的同事，因为一次合作成了极好的朋友，后来老九跳槽到了其他公司，但友谊并没有因此变淡。

老九其实应该叫老久，取意“长长久久”，朋友们觉得好玩故意叫他“老九”。

老九是从农村出来的，兄弟姐妹加起来一共六个人，他排行第五，上面有两个哥哥、两个姐姐。因为孩子太多，家里根本养不起，饿死了两个，送走了一个，家里最后就只剩一个哥哥、老九和最小的妹妹。

兄妹三人小时候常常是吃了上顿没下顿，最常干的事就是跑去邻村偷吃的。幸运的时候，他们能偷个馒头、鸡蛋，但大多数时候是空手而归，不被抓住打一顿就已经谢天谢地了。

因为从小苦怕了，所以老九极为努力，读书的时候一直是年级第一，读大学和研究生的时候更是直接保送。后来，要不是他自己想要早点挣钱填补家用，以老九的能力读个博士后也不是什么大问题。

如今，老九才刚刚三十岁出头，就已经是一家合资企业的高管。

老九的妻子柳念是他大学的一个学妹，也是一个“学霸”，毕业后在当地的一家私企做 HR。结婚两年后，他们生了一个儿子，取名老虎。

因为两个人平时工作忙，婆婆就从农村过来帮两个人带孩子。

婆婆极开明，从不多管夫妻俩的事，只一心一意地帮忙照顾老虎，还顺带给他们做做饭。

老虎渐渐开始懂事，婆婆也和柳念提过，要不要趁着自己的身体还健康，还能帮忙带孩子，再生个孩子，这样和老虎的年龄相差不大，还省得两个人过几年后悔。

柳念对生二孩没有太多排斥，只说要问问老九的想法，谁知老九一听却极力反对。他对童年的艰苦生活印象太深，因为家里孩子多，父母工作又忙，所以对几个孩子采取的都是“放养”模式。

只要他们不闯出大祸，父母基本不管。

老九自小就是让父母最省心的那个孩子。所以在他看来，父母不是忙着工作，就是忙着管自己的哥哥和妹妹，卡在中间的他难免觉得自己被父母忽略了。

老九理解当时父母的不易，但他不想自己的孩子也因为家里孩子多就享受不到全部的爱。并且，他自问做不到完全的公平，不想伤害孩子。

再者，夫妻俩平时工作忙，真的生了孩子就得全部丢给老人。他既不放心孩子，也不放心老人，因此也就打消了再生一个的想法。婆婆见老九态度坚决，就只说你们自己看着办吧，别后悔就行。

然而，平静的生活在老虎八岁那年，被柳念突如其来的怀孕打乱了。

那天，她在医院做完检查后，坐在椅子上等待结果。看着来来往往的准妈妈们，心里很乱。

结果出来了，柳念确实怀孕了，已经有三个多月了。回家的路上，柳念想了很多。现在刚刚年初，工作本来就已经够忙了，再加上她在一年前就和老九商量好了要考博士，这个孩子的到来无疑将她的一切计划都打乱了。

“我当时第一反应就是哪有空养他啊，必须得打掉，但是冷静下来，自已又舍不得，毕竟他是我和老九的孩子啊。”柳念后来和我说，她当时脑子乱糟糟的，甚至想过瞒着老九把这个孩子给打掉。可最后她还是把自己怀孕的事情告诉了老九。

得知柳念怀孕，婆婆打心眼高兴。老九也高兴，但很快就被理性压了下去。

要知道，他们两人的工作都太忙了，根本没有时间好好养育这个孩子。老九的父亲在几年前就去世了，柳念的父亲有严重的心脏病，母亲则要在家里照顾他，因此帮忙带两个孩子的重担就都压在了老九母亲一个人身上。

虽然可以找保姆分担一部分工作，但他们终究不放心。

而且现在二孩政策虽然放开了，但是往后的一系列养育、教育的事情也是个大麻烦。

当然，除了大人心理上还没做好准备外，老虎的态度也是几个人担忧的一大问题。老虎一直都是独生子，是家里的“大王”，现在突然告诉他将要有一个小他八九岁的弟弟或妹妹，不知他会有什么反应。

（二）

那段时间，柳念和老九一会儿决定一咬牙生下来，一会儿又觉得自己如果生下这个孩子肯定养不好。

柳念怀孕的事并没有过多张扬，只有我们几个玩得近的朋友知道。我们还说老九不知福，别人想要还没有，他反倒觉得烦恼。

老九也只是摸着头，“呵呵”一笑并不搭话。

柳念找我说这件事的时候，满脸都是抱怨的神色。看着柳念的反应，我问了她一句：“其实说到底，你不想生这个孩子是因为觉得他耽误了你的工作和学习吗？当初生老虎的时候，你的工作没被耽误吗？”

柳念想了想，摇摇头不确定地说：“是，也不是。其实工作忙过了这一阵子也就过去了，虽然今年招的人多，但是公司比较重视这次招聘，派的人手也比较多。而我之前就和导师说了自己想考博，现在如果不考自己多少会有点失望，倒也不至于难过。可现在我只要一想到在孩子还没长大懂事之前，原本规划好的一切都做不了了，心里就莫名烦躁，我也不太清楚自己究竟是怎么了。我不是讨厌孩子，也很羡慕周围有两个孩子的家庭。但我还没做好准备，你知道我最担心的是什么吗？我担心万一我这胎又是个男孩怎么办？一个就够调皮了，再来一个，我估计这个家就要被掀翻了。而且我们现在还没敢告诉老虎我怀孕了，我怕他会接受不了。”

看着柳念，我脑中再次浮现出那个随着“二孩”政策悄悄到来的一个新名词，那就是“二胎焦虑症”。

这是一个新事物，可能会发生在每一个想要拥有、即将拥有或是已经拥有两个孩子的家庭里。随着生孩子的成本不断变大，“养不起”、“没钱生”、“没时间”、“没人帮忙看孩子”等一系列问题的出现，很多家庭对生二孩开始望而却步。柳念和老九就是代表之一。

虽说两个人的经济条件可以负担得起两个孩子的花销，但是年轻人工作忙没时间带孩子、老人又年纪大没精力带孩子，更多的现实原因挡在了他们的面前，让人束手无策。

孩子已经三个多月了，只能引产，但这样做对柳念的身体伤害极大，老九思前想后，最终决定把这个孩子生下来。

“这是老天给的礼物，不要白不要，是个小子就让他们两兄弟玩去，是个姑娘更好，我就把她宠成小公主。”

既然决定要将孩子生下来，夫妻俩面对的第一个困难就是如何让老虎平静地接受这件事。

和老九一起工作的一个同事因为怀了二胎，惹得大宝赌气离家出走，找了半个多月才在一家网吧找到他。最后，为了安抚大宝的情绪，同事决定打掉二胎，并保证永远不会再生了。

有了同事的前车之鉴，老九和柳念对于如何说服老虎很是纠结。老九想让我帮忙给些主意，我告诉他们最重要的是要让大宝从心里接受二宝，让他期待自己有个弟弟／妹妹。

我建议他们可以循序渐进，先让他从意识上对弟弟妹妹有个潜在的想法，例如讲睡前故事时，可以找些兄弟姐妹互帮互助的故事，然后再让他直观地感受二宝的存在。总之最重要的是，千万不要把大宝排除在外。孩子认识世界很大一部分来自于触感。因此，当大宝习惯了二宝的存在，就能从心里接受二宝了。

听完我说的，老九做的第一件事就是跑到书店买了一堆睡前故事书。

每天回家后，老九就会在老虎睡前坐在床边给他讲故事。起初老虎对这种温馨的家庭类故事毫无兴趣，吵着要听恐龙、超人的故事。

老九便故意板着脸吓唬他："你要是不老实睡觉，我就再也不给你讲故事了，你就自己睡吧！"

说完这句话，老虎就再也不敢吵了。讲了四五天后，老虎开始对这些故事感兴趣了。每当故事到危机时刻时，老虎就会一边催促老九快讲一边担忧地说："哥哥可千万不能去啊，他要是去了就被老虎吃掉了，那样的话妹妹可怎么办啊？"

随着故事的慢慢渗透，老虎开始动起了小心思。一天，他特意在睡前跑到柳念的床边，拉着妈妈的手问道："妈妈，为什么我没有妹妹啊？故事里的汤姆有个好可爱的妹妹。对了，班里的小华也有个妹妹，不过没有汤姆的妹妹可爱。为什么就我没有啊？妈妈，我也要，我也要……"

看着老虎主动要妹妹，柳念和老九的内心宽慰了不少，至少"作战计划"有了阶段性的胜利。柳念看着老虎一脸向往的表情，小心翼翼地问道："如果妈妈真的怀孕了，你会想要个弟弟或妹妹吗？"

老虎抓着柳念的手高兴地又蹦又跳，大叫道："好呀，好呀，老虎要有妹妹了。"

老九听到老虎的话后说道："老虎，如果有了妹妹你要把你的玩具分给她，好吃的也要分给她，而且虽然爸爸妈妈奶奶还是爱你的，但是妹妹比你小，所以很多时候我们会更关注她，你懂爸爸说的意思吗？"

老虎歪着头想了想，说道："就像汤姆一样吗？他把面包给妹妹，还带着妹妹去森林玩？汤姆可以做到，老虎也可以做到，老虎喜欢妹妹。"

"可是，如果妈妈给你生了个弟弟呢？"

老虎听到后一脸委屈地说道："不要弟弟，不喜欢弟弟，老虎要妹妹、要妹妹……"

柳念和老九劝了半天，才把老虎哄好，在去睡觉前他还让柳念再三保证"一定生妹妹"才罢休。

虽说老虎还不愿意接受弟弟，但至少已经接受了二胎的存在。

一切开始朝着积极的方向发展，柳念坚持先把年初手里的工作做完，再向公司请产假。而关于读博的问题，柳念和导师沟通了一下，导师很通情达理，表示可以等她生完孩子以后再说。柳念渐渐感受到有了二孩的幸福，自从老虎知道有个妹妹在妈妈的肚子里后，每当柳念要做什么，老虎都急着要帮忙。

"妈妈，要小心妹妹，我帮你拿。"

“妈妈，我帮你送。”

甚至有时候，柳念想要偷吃点雪糕或是其他东西时，老虎都会学着老九的样子说道：“不可以吃，对妹妹不好。”

当柳念坐在沙发上时，老虎就会小心翼翼地靠在一旁，小手轻轻地放在柳念的肚子上，说：“妹妹，妹妹，我是哥哥，你要快点出来和我一起玩啊！”

（三）

当柳念怀孕九个月时，她开始在家待产，每天看着家里大大小小婴儿穿的衣服和玩的玩具，憧憬着二宝的到来。

一个周六，老虎在家吵着让奶奶带他去楼下骑自行车，柳念决定也一起去楼下呼吸一下新鲜空气。

正值周末，小区里的大人、小孩都不少，柳念在一个凉亭里坐了下来，婆婆带着老虎在不远处骑自行车。

老虎刚学会骑自行车，骑得还不大稳，但至少不会再摔下来了。正当老虎专心致志地骑车时，一个皮球从旁边滚了过来，老虎下意识地想避开皮球，却因避得太急摔了下去，正好摔在了旁边一个装饰喷泉的石头上，自行车砸在了老虎的腿上。

事情发生得突然，等婆婆反应过来时，老虎已经摔到了地上，正大哭不止。柳念见状也着急地想要过去，却在下最后一个台阶时没站稳，摔了下去，幸亏有个路过的大妈拉住了她，而她也在第一时间伸手撑在了地上，这才没让自己完全摔在地上，但肚子开始有隐隐坠痛感。

婆婆看到柳念这边也出了事，就给老九打电话。老九当时赶回家需要两个多小时，他告诉母亲打急救电话，先把人送到医院去。

到了医院，柳念检查后没什么大问题，就是受了一点惊吓。老虎这边除了胳臂有破皮出血以外，左小腿还轻微骨裂。医生打了石膏后叮嘱柳念一个月内不能让孩子剧烈运动，多吃点含钙质的食物。

老九赶到医院，又是生气又是担心，千句万句到了嘴边却又一句也说不出口。他心里对柳念一直有愧疚感，当初生老虎的时候就因为工作忙，他连产检都没怎么陪着去。现在老婆怀了二宝，自己依旧是工作忙。幸亏柳念宽容大度，从不因这些和自己闹脾气，老九心里就更觉得过意不去了。

他想起今天发生的事情，不禁有些后怕，想着等忙过了这阵子就调整自己的工作节奏，将更多的心思放到家庭中。

随着时间一天天过去，预产期渐渐临近。

也许是老虎的“诚心”打动了老天，柳念第二胎真生了个女儿，小名叫西瓜。这是老虎取的，因为西瓜是他最爱吃的水果。西瓜出生以后，老虎不再像以前那样贪玩，放了学就赶着往家跑要看妹妹。只要老虎在家，照顾妹妹的事情他都要抢着干，而且做得有模有样，很有小哥哥的样子。

因为精力的关系，柳念已经放弃了读博，导师和老九都觉得有点可惜，但她一点也不后悔，两个孩子带来的幸福足以填满心里那一点点失落。

至于老九，应该是其中转变最大的一个，从原本的“工作狂”变成了现在的“晒娃狂”。当初，他决定要将生活重心转移到家庭后，就将手头上不重要的工作分给了其他人，如果出差的话，就会每晚与家人视频聊天。

老虎的出生，老九感到的是懵懂和激动，而西瓜的出生，他心里更多的是感恩。

随着生育二孩现象的增多，很多问题渐渐浮现。很多时候，我们心理上做好了准备，但生活条件却不允许；而有时生活条件满足了养育二孩的要求，但我们心理上却难以跨过那个坎儿。因此，生不生二孩，什么时候生二孩就是大部分家庭纠结的问题。

大多数适合生二孩的家长年龄处在 35—40 岁，他们中大部分人有一定的经济实力，但又算不上富有；有一定的时间，但又没有完整的大块时间；再加上原本的家庭压力：四个老人、一个孩子，这一切都压在了他们的肩上，因此对于是否生二孩，他们大多数人保持观望的态度。

如果有些二孩是突然来到的，这时，这个家庭要承受的压力就变得更大了，所有的问题都需要父母们在短时间内有个理性的判断。如果条件不允许，那么打掉孩子就成了一种不得已的选择。但是如果父母们选择要生下来，那么就愉快地生吧。

如果决定生下孩子，从怀孕的时候你就得对孩子负责，怀孕期间如果孕妇的情绪不好很有可能导致胎儿的发育不好，或是出生后性格不好。很多时候，夫妻间本身就存在矛盾，而二孩的出生让这个矛盾变得更加明显。

后来，老九一直劝周围有条件的朋友一定要早生二孩。他十分庆幸自己当初决定生下西瓜，因为西瓜带给他的感动是难以言表的。

在每个孩子出生前，做父母的都很彷徨。虽然刚开始充满了不安，但随着时间的流逝，这些不安却一点点变成了甜蜜，也许，一场毫无准备的爱会给生活带来更大的欣喜。

在一些小城镇，很多夫妻看到周围的同学、朋友都要了二胎，也会不知不觉地走到这一步。大家都是这样生活的，那我们也就如此了。而到了真正养育“二孩”的阶段，人生还是一场模仿秀吗？

2. 王世如

人生不是一场模仿秀

（一）

人是社会型的动物，每一个人都会受到社会的影响。有的人可以准确找到自己的位置，而有些人则容易迷失，人云亦云。然而生命是一条不可回溯的长河，若是找不准真正的方向，那么就会犯下无法撤回的错。所以在被舆论左右之前，看清楚自己的心，尤为重要。

认识余镇的王世如，是一个颇为有趣的过程。

正是初春，我在一个天气阴霾的午后，打车去了余镇。余镇是一个颇有特色的小镇。我走了两条街，肚子有些饿了，便走进了身旁的小面馆。

面馆看起来简陋，但是十分干净整洁。我刚一入座，老板娘便走过来，问我吃些什么。

我点了份清淡的挂面，老板娘在吩咐了后厨之后又问我："没见过你，是来走亲戚的吗？"

我点了点头，说："来看一个朋友。"

"难怪了。"老板娘笑了笑，她两边的嘴角都有小酒窝，笑起来甜甜的。她看起来很年轻，我猜至少比我小五岁。

"这个镇上所有的人你都认识吗？"我问她。

"那当然啦，这个镇子的所有人口不到一千人，就算叫不出名字，也都是熟面孔。"

我的面被端了上来，老板娘干脆坐到我的面前与我攀谈起来。

老板娘叫王世如，大城市里在她这个年纪的女孩子多数在读研究生，或者出国留学，而她，已经是两个孩子的妈妈了。

"这里大家都是这样，跟你们大城市不一样，这里没有那么多好玩的花样，通常都是早早结婚，早早就生孩子了。"

"也早早就生了二孩？"我问。

“是啊，大家都生，我也就生了。”

我吃着挂面，心里仔细咀嚼着“大家”这个词。王世如口中的“大家”，指的应该就是这个镇上的其他人。听她的语气，仿佛她不是一个家庭的妻子和妈妈，不是一个正处于大好年华的女子，只是这“大家”中的一员。

面已经吃完，谈话却迟迟没有结束。

“所以，你不是自己决定要二孩的？”我问王世如。

王世如反而歪着头看我，仿佛我提出了一个愚蠢的问题。

“你呢？你是自己决定要出生的吗？”王世如这样反问我。

我有点发懵。

本以为眼前只是个文化水平一般的小饭店老板娘，却没想到她竟然对我提出了这个有点深刻的问题。

“当然不是。”我说，“不过我很感激带我来到世上的父母。”

“你看。”王世如抬起下巴指了指饭馆外面，“这里就是这样子，跟你们大城市不一样，大部分人没有自己做决定的机会，看到个顺眼的就结婚了，结婚之后顺理成章地生孩子，听说可以生二孩，自然而然大家就都生二孩了。”

那一刻，我突然感到了一丝无奈。

“可生活还是自己的啊。”我说。

“是啊，生活还是自己的。”

我们正聊着天时，有个小男孩跑了过来，我猜那是王世如的小儿子，看起来只有两岁多。他脸上脏兮兮的，哭哭啼啼地跑到王世如的身边，说他的玩具坏了。

“去玩别的。”王世如对儿子说。

“我找不到别的了。”小儿子委委屈屈地。

王世如于是起身，拉着小儿子去了店后面。

看起来王世如没有更多时间来陪我这个外来者打发时间了，我知趣地站起身，离开了这家面馆。

这算是初访，但我隐隐觉得，我们还会再次交谈。

（二）

在余镇的几天里，我住进了这里唯一的一家旅店。

在一次闲逛中，我又遇见了王世如，当时她正带着小儿子在路边玩着什么。

我走近了，发现王世如的眼眶是红的。

短暂寒暄几句之后，王世如主动向我说起了她遇到的问题。

“为什么他就是不理解呢？”她说着说着又要哭起来。

从她的话中，我听懂了来龙去脉。

简单地说，是王世如想要带两个孩子去附近的 B 市逛逛科技馆，却被丈夫拒绝了，他觉得那些东西纯粹是骗钱的。

“我只是想让两个孩子多见见世面。”王世如说，“没错，镇上的孩子都是从小在河边玩泥巴长大的，没错，大家没少什么，去年还有镇上的孩子考上了清华大学，可是这又能说明什么呢？为什么别人怎么样，我们就要怎么样呢？”

我有点不知所措。

不久前，就是这个女子，对我说大家都是这样的，如今，她又对我说，凭什么要跟大家一样。

“你有什么心里话可以对我说。”我告诉她，“你可以信任我。”

那一瞬间，我跟王世如之间似乎建立起了某种联系，这种联系未必能持续很久，但在此刻，这联系却成了我们之间的一种强烈的纽带，我意识到我愿意全力去倾听，更希望她能够交给我她的全部信任。

王世如是在这个小镇出生和长大的。尽管读了一所不错的大学，她还是选择一毕业就回到家乡。外面的世界不论多么繁华，对她而言都毫无吸引力。有的人向往更广阔的世界，而有的人，则喜欢回归内心的宁静。

可这样的选择并没有带给她一个从此幸福的人生，当匆忙地被催促着结了婚，当急忙地生了孩子，又百米竞赛般地生了二孩，王世如发觉自己似乎被各种有形无形的枷锁捆绑，不可挣脱。

“我甚至没怎么仔细想过。”王世如说，“只觉得耳边好像一直有人催促我该做什么，其实也没有这个人，但好像就是有这么个人。就是有一种无形的力量，让我连思考的机会都没有。”

“因为镇子太小了吧。”我说，“所有人的生活都连在一起了。”

“我之前看过一个故事，大概是说，一个城市里的街道都消失了，人们只能从互相的房子里穿过去。听起来很可怕吧？可我的生活好像就是这样。每一个人都在观察别人的同时被人观察着。”王世如苦笑，“你信不信，如果我们真的去了科技馆，第二天全镇都会传开，说老徐家的媳妇带着孩子去了科技馆。”

或许是她的语气太好笑的缘故，我忍不住笑了出来。

“没有这么夸张吧。”

“就是有这么夸张。”王世如说，她自己也被逗笑了，语气轻松了下来，“大概是有一点夸张，不过也差不多了。”

“我多少还是能体会一点。”

“有了孩子之后，我就开始有了向往。”王世如摸了摸身边小儿子的头，“我会不自觉对子女有期待。我倒不求他们能拥有多么了不起的人生，但至少，我希望能给予他们更好的成长氛围。”

“比如呢？”

“你看，镇上那些有二孩的，聊天时总在说，怎么让两个孩子不吵架，怎么让大宝照顾二宝，怎么把两个孩子培养好，大家互相取经，这倒也没错。可是每个孩子都是不一样的啊！明明是养自己的孩子，为什么总要看别人呢？”

我正要说什么，镇上小学的放学铃响了起来，王世如拉小儿子起身，对我笑了笑，“我去接大女儿放学啦！”

说完，她转身拉着小儿子弱小稚嫩的手，走向了校门。

（三）

离开余镇前，我又去那家面馆吃了一次挂面。两个孩子都在，大女儿长得甜甜的，跟王世如很像。他们在一个桌子旁玩着什么玩具，我则坐在他们斜对面的地方吃着我的清汤挂面。

并不是吃饭的时间，所以店里没什么人，王世如再次跟我聊了起来。

“你别看这里离你们大城市很远，可补课之类的，这边一点都不少。”

对于幼儿园和小学的补课风气，我也是颇有耳闻，没想到已经蔓延到了这么僻静的地方。

“听之前来吃饭的王奶奶说，她家宝贝每天回家就只是学习。”

“听着真累。”我说。

“可是不累就会被落下。”王世如说，“我家大女儿成绩就很一般。”

“那你怎么办？也要补课吗？”

王世如摇了摇头，说：“除非她自己想补课，否则我不会要求她补课的。家里有两个孩子跟有一个孩子不一样。如果只有一个孩子，他的行为都会跟着父母来，可两个孩子在一起时，他们是要交流的，他们有自己的小世界。在姐姐陪弟弟玩的时候，如果我强行让姐姐去学习，这没什么好处。”

我点了点头，“有道理。”

“是吧？我们不能总是看着别人的样子活，得找到自己的生活节奏。”

“因为人生不是一场模仿秀。”

“对，就是这个意思。我草率地结婚，草率地生孩子，就很糊涂了，可已经是这个样子了，我不能倒回去，我得为自己的糊涂买单。现在这就是我的生活，今后不能再糊涂了。”

“所以你后悔了吗？生二孩这个事情？”

王世如摇了摇头。

“我觉得，人生没有后悔这回事，我很感激现在拥有的一切。”她的语气无比诚恳，“只不过，为了保护好现在拥有的一切，我不能再跟着别人的节拍，得有自己的主见。”

这一次与王世如的意外相识令我感触颇深。我始终记得王世如说过的那些话，那些有点决绝的话语，更像是对一段人生的告别，一场对自己的革命。

而正如她所说，人生并不能仅仅是简单的模仿。如果你已经结了婚，在没想清楚的情况下生了两个孩子。事已至此，未来的生活就要用心面对，为了自己的子女，你该给他们最适合的成长环境。

毕竟，这才是父母的责任所在。

很多父母是一线城市的高级金领，掌握先进的育儿理念，不接受隔代教育，采取亲自指导育婴师的育儿方式。当家里有了两个孩子后，他们面临更多理想与现实的冲突，又将如何跨越这条鸿沟？

3. 纪晨｜

如何跨越“隔代教育”的鸿沟

(一)

球球算是同龄人中比较让人省心的孩子了，事实上球球从生下来就没让身为父母的纪晨和杨冉操过什么心。

婴儿期的球球食欲旺盛，贪玩贪睡。他基本没生过什么大病，偶尔有个感冒发烧，一两天自己也就好了。

作为一个五六岁的男孩子，球球虽然有着同龄人的顽皮机灵，但也有着异于同龄人的懂事听话。

这一切不得不归功于纪晨优秀的教育方式。

纪晨和杨冉都是名牌大学的毕业生，毕业后夫妻俩还分别去了德国和法国留学。纪晨学的是建筑设计，现在是圈内小有名气的建筑师。杨冉学的是服装设计，自己和几个姐妹开了一个品牌店，虽然时间不长但已经和几家大杂志社有过合作了。

球球是他们的第一个孩子，自小就聪明伶俐。杨冉刚怀孕的时候，夫妻俩就约法三章，如果生了个男孩，就由纪晨来教育；如果生了女孩，就由杨冉来教育，纪晨只用负责当个贴心温暖的“猫爸”就好。因此球球出生后，杨冉主要负责陪孩子玩，必要的时候才发表一下意见。纪晨则会全方面地教育孩子。

夫妻俩平时工作忙，为此纪晨请了一个育婴师专门在工作日教育和护理孩子，周末则尽量由自己和杨冉来带。

我跟纪晨是老朋友了，育婴师芳年便是我介绍给他们的，既有经验，又有耐心。

把芳年推荐给了纪晨后，我本以为高要求的纪晨会对芳年有诸多不满，没想到第一个跟我抱怨的人却是芳年。芳年做育婴师已经第十个年头了，一般孩子会发生的情况和问题，她都能熟练解决。

这次的问题却有点棘手，孩子很好搞定，孩子的父母就有点“难缠”了。球球很听话，平时除非他饿了或者是不舒服，几乎不哭也不闹，见到人就会咧着嘴笑。可芳年是第一次碰见像纪晨这种将所有东西都要按照他的要求规定个遍的父亲。一般到了一个新家庭，芳年会根据这个家庭父母的习惯和孩子的性格来做一个适合这个家庭的计划。但当她到了纪晨家，将自己的想法和纪晨说的时候，却被纪晨全部否定了。

他从抽屉里拿出了早就写好的满满五页纸的计划给芳年。计划里有细致的每日安排和遇到问题时该如何处理的具体教育方法，芳年需要做的就是按照上面的条条框框切实执行就可以了。虽然这样芳年的工作轻松了不少，但她的内心总觉得不太安稳。

刚开始，球球还是婴儿时，矛盾还不是很明显，等球球一天天大了后矛盾就开始显现出来了。例如，球球刚开始学吃饭时，芳年一般会在其他时间手把手教他如何使用筷子，但真正吃饭时，她还是会喂他。等到球球熟练以后，她再渐渐放开手，让他自己吃。但纪晨却要求芳年让球球直接拿勺子吃饭，不管能不能吃上，都让他自己吃，他觉得这样能锻炼球球自力更生的能力。另外，芳年按照经验给孩子做适量的饭，喝适量的水。但纪晨却告诉芳年不用管他吃多少，吃就吃，不吃就把饭收走，这样就不会让孩子养成娇气的坏习惯。

这样的要求还有很多，芳年能理解纪晨这样做的原因，但是孩子还是太小了，她试着用自己的专业知识和工作经验来说服纪晨，但往往最后被说服的都是自己。既然孩子的父母有自己的想法，作为外人的芳年也不好强硬地干涉，只能按照他们的要求尽量做到最好。

当球球六岁的时候，杨冉又生了一个男孩，名叫耗子。夫妻俩本来有想法要生二孩，但没打算这么早生。孩子提前到来，两个人就生了下来。

两个男孩，压力可想而知，芳年一个人根本照顾不过来，杨冉就提议把公公婆婆接来一起照顾孩子。可纪晨觉得如果让老人照顾孩子，既影响老人的健康，也不利于孩子的成长，就想再找一个育婴师。但是再找一个育婴师的话，开销会增大不少。而纪晨妈妈以前是小学老师，对照顾孩子肯定有经验，何必多花那一笔钱呢?

纪晨考虑再三，还是同意了妻子的想法。他们原本想将两个老人一起接来，但纪父的心脏不好，就让纪母一个人来了。

于是，纪母和芳年就一起照顾孩子。纪晨将自己的想法告诉母亲，母亲却是一脸无所谓地说："放心吧，你我都养大了，不用这些乱七八糟的东西我也能把孩子带好。"

就拿穿纸尿裤来说，球球就是穿着纸尿裤长大的，但纪母觉得纸尿裤会让耗子的屁股捂出痱子，对他不好。她便有意识地减少耗子纸尿裤的使用，但小孩子好动，总有大人看不住的时候，纪晨就经常在某个房间发现耗子撒的尿，甚至是拉的㞎㞎。对此，纪晨和纪母争辩了好几次，但纪母表示等孩子大了，多教教他就不会再发生这样的事了。

纪晨让球球从小就自己一个人睡，对耗子也是同样的要求。但是，有一天晚上突然下起了大暴雨，外头电闪雷鸣，雷声吓醒了熟睡中的耗子，纪母哄了好半天才把大哭不止的耗子给哄睡着。自那以后，耗子每到半夜都会醒来一次，哭着到处找人。纪母只好让耗子和自己一起睡，有了奶奶的陪伴，耗子总能一觉睡到天亮。但时间久了，纪晨还是想让耗子一个人睡，他和纪母提议让她先在自己房间把耗子哄睡着，等耗子睡熟后再把耗子放回他自己的房间。纪母也照他说的做了几次，但耗子要么是一碰到自己的床就醒了，要么就是到了半夜哭着醒过来。纪母心疼孩子，就又把耗子接回了房间。一天晚上，纪母又要将耗子抱回自己的房间，纪晨拦下了她，让纪母把孩子放回自己的房间。纪母却不大乐意说道："孩子受了惊吓哪是这么容易就好的，要慢慢调整。"纪晨却不同意，说："妈，你这样会让耗子形成习惯的，等他越来越大，你还带着他睡吗？"纪母的表情开始不大自然了，硬着语气说："等他大了就能自己睡了，他现在还不到一岁，受了惊吓你还能给他讲道理啊！你要是有本事就自己带孩子，别找我。"说完抱着孩子回了房间。

（二）

两代人对耗子睡觉的问题还没有达成一致，球球那边也出现了问题。

那天，正好快要到中秋节了，我打算提前去看望一下纪母，这是很多年的老习惯了。我们坐在沙发上聊天，纪晨在一旁看着球球写作业，突然就传出了纪晨训斥球球的声音。我和纪母还没反应过来，纪晨就气势汹汹地站在我和纪母的面前大声道："妈，我不是都告诉过你，不要再教球球写作业了嘛！你看他现在，那题目看都不看一眼就说自己不会，等着别人来告诉答案，这样哪行啊！"我和纪母都被吓了一跳，纪母更是愣了好一会才反应过来，她也站了起来生气地说："我哪里是告诉他答案呀，我哪次没教他做法和思路。还有你不能这么训斥孩子，孩子越来越大，自尊心也越来越强了，这样会让孩子觉得很没面子。"纪晨不服气地说道："我知道该怎么管，但是你看球球现在都不愿意自己写作业了，就是你给惯的。

他要是不会写，就让他空着，到了学校老师批评他两次，他就能记住了。”纪母提高了音量，说：“那能对吗？老是批评会让孩子觉得自卑，从而更加排斥写作业，你那样是恶性循环。”看着这两个人你不让我、我不让你的争吵，球球躲在芳年身后不敢说话。我连忙站起身插进两人中间，说：“纪晨你冷静一点，孩子还在这里呢！别当着孩子的面吵架，有话好好说。”说完，我扶着纪母坐了下来。纪晨看了一眼球球，叹了口气，和纪母道歉：“妈，对不起，我不该冲你发脾气。”便转身离开了。

纪母坐在沙发上有些气愤。她不好意思地和我说：“你看，就为了这孩子的事啊，我俩一天不知道要吵多少次。我呀，也不是不懂你们年轻人那套方法，但是教育孩子这件事不还是得找个适合孩子的方法吗？他说要让孩子独立、坚强，你说，我哪里没配合他？但是这哪是一天就能实现的啊？什么事情不都要讲个循序渐进吗？想一口吃成个胖子，不把孩子都给耽误了吗？”

看着纪母既生气又委屈的表情，我也不知道该怎么劝了。其实这不过是一件微不足道的小事，原本纪晨可以和纪母好好说一下，或者是纪母自己也可以调整一下。但是他们之间的矛盾早就已经积攒到一定程度，这件事情让他们的不满一下子爆发出来了。

其实，纪母和纪晨的教育方法都没有错，不过是一代人有一代人的看法。我们抛开那一堆堆的埋怨和不满，事实上有那么多的矛盾吗？所谓的隔代教育的“代沟”不过是双方的想法不同。新一代的父母们，看教育类的书籍，听教育类的讲座，肚子里有一堆的教育方法迫不及待地想要投入试验。而老一辈的父母们，他们的教育方法是一代又一代人传下来的经验。在教育的过程中，我们大多注意过程和方法，反倒忽略了结果。就好比我们教孩子吃饭，老一辈的人喜欢手把手教，新一代的人主张让孩子自己去尝试。于是乎，老人们看到的是过程，孩子吃不好饭，周围都是掉下来的饭菜，孩子的身上也被弄得都是汤汁；而年轻人们看到的是孩子一直都被别人喂饭。

所以，两代人都认为对方的做法一定是错的，孩子不可能学会吃饭。事实的真相就是这样吗？不一定吧？很多时候，我们会习惯性地陷入对某类人的刻板印象中，例如老人就是落后的、行不通的；年轻人就是没有经验、乱来的。于是，我们为了坚信的“认为”与对方不断地开战，最后却是两败俱伤，对孩子也造成了不好的影响。

（三）

其实，我也有过一段对老人的教育方法不认同的时期。

但是有一次，我和丈夫都在外地，孩子在我母亲的家里。孩子贪玩，被刚烧好的开水烫伤了脚，母亲直接用烧酒兑了点白糖抹了上去。我在电话这头听到以后急得要死，吵着让母亲把孩子带去医院，母亲却不以为然地说：“不用去医院，我这是老方子，特别有用。”

我实在拗不过母亲，只能等几天后回家再带孩子去看医生。等我三天后回到家，孩子脚上的烫伤已经奇迹般地好了不少，伤口一个星期就结痂了，后来一点痕迹也没有留。

从这以后，我不再一味地排斥老人的观念，也开始接受他们那些所谓的“老方子”。以老一辈为首的“经验派”和以新一代为代表的“理论派”，其实殊途同归，都希望孩子好，希望整个家庭好。

虽然我自己是做教育的，但其实教育没有那么多的大道理，爱就是最好的道理。如果觉得老一辈的育儿方法不适合现代，那么年轻人可以好好地和他们沟通，老人们并不像我们想得那么古板。如果觉得新一代的育儿方法太过冒险，那么老人们可以好好地教导他们，千万不要低估了年轻人的学习能力。隔代教育的鸿沟并没有我们想象的那么难以跨越。很多时候，那个所谓的鸿沟是我们自己幻想出来的。孩子需要父母的爱，同样也需要祖辈人的呵护，那种将隔代教育看得犹如洪水猛兽般的父母，最后吃亏的是他们，受伤的更是孩子。

创业者，往往意味着披荆斩棘，也意味着24小时无休。在这样的家庭里，父亲常常是缺席的，而母亲全程陪伴。父亲需要学会如何对待每一个新生的生命，这也是一场人生的创业。

4. 常永裕 |

孩子是最美的征途

（一）

2015年，国务院总理李克强在政府的工作报告中正式提出了“大众创业，万众创新”的口号后，数以千计的“勇士们”一头扎进了创业的浪潮中。

随着创业进入到白热化阶段，一系列的问题也冒了出来，其中在个人生活方面最为棘手的，就是如何在事业和家庭之间找到平衡点。创业是一场没有终点的马拉松。在千军万马的队伍中，创业者要从“战场”中脱离出来本就是一件难事，再加上家庭的牵绊，更加使他们心力交瘁。

因为工作原因，我常常能接触到从事各种工作的人。其中至少十几家创业公司的老总都是“商场得意，情场失意”，他们大多在事业上小有成就，但在家庭中却遇到危机。

常永裕就是我接触到的创业者之一，严格来说他不是我的咨询者，而是我高中同学张薇的老公。当时虽然和她不同班，但两家住得近，而且张薇父亲早逝，母亲一个人拉扯这个家，因此周围的邻居便常常叫张薇来自家吃饭。我父母也叫过几次，一来二去也就比较熟，后来上了大学就很少来往了。后来在逛街时偶然遇到了，我们便相互留了微信。

有一天，张薇给我发了一条微信，就四个字——“能聊聊吗？”我连忙回了“当然可以。”我们约在一个商场的咖啡厅里，但是没聊两句，张薇就接到一个紧急电话，离开了。虽然交流时间不长，但我大致了解了她找我的原因——她的家庭遇到了危机，她知道我是做儿童教育的便想找我聊聊。虽然这次的沟通因为意外被打断，但我相信张薇一定还会找我的。

果然，第二天上午我就接到了一个陌生电话。但令我意外的是，打电话来的人是张薇的丈夫常永裕，他想在我的办公室和我见一面，我同意了。半个小时后，常永裕就出现在了我的办公室。他虽然穿着一身西服，头发也弄得很整齐，但脸却看起来非常疲倦。简单地寒暄了几句，我们便进入了正题。他说他在张薇的微信里看到了我，知道我是做儿童教育咨询的，便想和我聊聊。

他是一家互联网创业公司的老板，现在算是小有成就。他最近很烦恼，而烦恼的源头就在于他觉得自己和家庭离得越来越远了。

他和张薇已经结婚十多年了，家里有两个男孩。他最开始在老家那边一家比较有名气的互联网公司工作，一个月工资有一万元，既高薪又稳定。而张薇则在一所小学当语文老师和班主任，工资也不少，两个人的小日子过得很是滋润。工作时间长了，常永裕就有了创业的想法，但是内心对创业的恐惧使他一直拖着没有开始行动。直到大儿子壮壮出生后，常永裕的创业念头变得前所未有的强烈，他希望给自己的儿子一个更好的未来。

“我虽然不是什么富二代、官二代，但我想让我的儿子成为富二代，我希望我的儿子起点能比别人高。”于是，在壮壮三岁的时候，常永裕和几个同事开了一家互联网公司。创业前期的艰辛不言而喻，一间二十多平方米的房子是常永裕创业的起点。因为几个人都是计算机专业的学生，只有技术方面手到擒来，但其他方面完全没有经验。他们没有做市场调研，没有做目标人群定位，没有做痛点分析，没有做用户分析，甚至连竞品分析都没做，就匆匆忙忙地做出了第一款即时通讯服务的 APP——通达。结果可想而知，原本信心满满的几个人，被现实狠狠地甩了一个大嘴巴。那段时间常永裕整天拿着产品到处拉融资、谈资源，一个月就瘦了二十几斤。张薇虽然心里对丈夫创业稍有怀疑，但行动上还是全力支持他。她辞掉了老师的工作，在家专心带孩子，有时间还给公司里的几个人做做饭，改善一下伙食。

后来经过一年多的发展，公司终于渐渐走上正轨，常永裕说：“那段时间，我特别对不起薇薇。她一个人扛下了整个家的重担，我经常半个月、一个月才能回一次家，但无论我多晚，她都在等我。我印象最深的一次是壮壮半夜发烧了，我在外地和人谈合作，她一个人开着车送孩子去医院，跑前跑后的。这些我当时都不知道，都是等事情过去了，她才和我说的，有时我觉得自己挺不是个男人的。”

（二）

公司发展到第三年，张薇意外怀孕了。但常永裕工作忙，张薇一个人也照顾不了两个孩子，于是他们就想要拿掉孩子。常永裕陪着张薇走进医院后，突然反悔了，他对张薇说："咱们别拿掉他了，他也是我们的孩子啊！"张薇听后也哭着点头，就这样，小儿子月亮被留了下来。

然而张薇这次的妊娠反应特别大，吃什么吐什么，连喝水都吐。常永裕一面顾着公司，另一面还要担心张薇。他自己的母亲身体不好，父亲的腿又不方便，于是常永裕便把岳母接来照顾妻子。多了一个人，常永裕轻松了不少，而张薇也因为有了母亲的照顾不那么难受了。

在张薇怀孕的第八个月，有天早上她正躺在床上休息。忽然客厅传来壮壮的哭声，张薇连忙起床到客厅一看，发现母亲躺在地上不省人事，吓得她连忙拨打急救电话。到了医院，老人被送去检查，而张薇带着孩子在外面等。她给常永裕打了五六个电话想让他快过来，可是都没人接。

经过一系列的检查，原来老人得了突发性脑溢血，不过好在救护及时，没有生命危险，在医院住了两个星期后就出院了。出院后，岳母需要静养，张薇和壮壮都需要人照顾，一时间常永裕分身乏术，公司的其他人也很理解常永裕的困境，大部分的事情都分给别人做。即便如此，公司的事情仍然多如牛毛，虽然人是回家了，但他的心还在公司。后来月亮健康地出生了，伺候着张薇坐完月子的常永裕也终于小小地解放了，又一头扎进了公司里。

这天，张薇带月亮去医院做检查，快到壮壮放学的时间还没检查完，于是她便打电话让常永裕去接孩子。常永裕刚要离开公司，可新产品的测试出了点问题，需要他去看一眼。想着时间还早的常永裕又回到了公司，等一切都收拾完已经六点多了。他连忙开车去学校，却发现学校里面已经没有学生了。常永裕立马给张薇打电话问壮壮有没有回家，张薇一听发现事情不对，孩子丢了，两个人在电话里争执了半天，常永裕才发现自己走错学校了。

原来，壮壮之前上的是离家比较远的一个学校，后来转来了这个师资力量比较好，离家也更近一点的学校。常永裕一着急去了壮壮以前的学校，他立刻又飞奔到壮壮现在的学校，一眼就看到了壮壮一个人孤零零地站在校门口掉眼泪。常永裕上去又是抱又是道歉，壮壮仍是一脸气愤，不和他说话。两个人一回到家，常永裕就被张薇狠狠地骂了一顿，连带着壮壮和月亮也好几天都没理他。

壮壮的事情刚过去一个星期，又碰上他的学校要开家长会，张薇只得将月亮放在常永裕的公司，等开完家长会后再去公司把孩子接回来。千叮咛万嘱咐之后，张薇去了学校，可家长会刚开到一半她就接到了常永裕的电话，说月亮在医院。张薇吓了一跳，连忙带着壮壮往医院赶。到了医院，看到月亮脑袋上绑着一圈绷带哭闹个不停，张薇心都快碎了，眼睛红红地把孩子抱在怀里。得知孩子是因为被常永裕放在沙发上结果不小心摔到地上，脑袋被桌角划破以后，张薇一直以来积攒的怒气彻底爆发了。她冲着常永裕大喊起来："你到底是不是个父亲，大的小的哪个你都看不好，一天天就知道工作，什么时候管过这个家！"张薇的喊声惊动了一旁的路人，她深吸了一口气，强压住怒火，转身带着孩子向外走。

回到家后两个人都没有说话，张薇陪着两个孩子在主卧睡，而常永裕则自己待在客房里。这一个晚上他辗转反侧，想起两人最初在一起的时候，想起结婚的时候，想起壮壮出生的时候，最后他动了把公司关了的心思。他好几次站在主卧的门口想要敲门，却迟迟不敢，他想和张薇说些什么，却没有勇气开口。于是在他来我办公室之前，夫妻俩除了日常必需的对话以外，再没有多说过一句话。

听了他的故事，我不知道该说什么。

常永裕错了吗？当然没有，一个男人有事业心不是坏事。

那张薇错了吗？当然也没有，因为丈夫的粗心，三番四次使孩子受到伤害，一位母亲当然容忍不了这种事情的发生。

他们俩真正需要的是沟通。但很多时候，在我们难以开口说一件事错过了正好的时机，就真的很难再开口了。

（三）

如果将一个人比作一架翱翔云端的飞机，那么工作和生活就是飞机的两个机翼。当我们偏顾一边时，很容易导致飞机失衡，甚至是“坠机”。

在我认识的人中，能够很好地保持生活和创业之间平衡的人，我第一个想到的是周舟。我们是在一次聚会上认识的，他目前管理着一家近 700 人的咨询公司。

公司创立之初，他也遇到了和常永裕一样的问题，他的处境比常永裕还要艰难，张薇至少行动上是全力支持的，但周舟的妻子不是。她觉得创业的风险太大，因而极力反对周舟创业。在公司创立的前两年，因为工作忙，周舟有时一两个月才能见到孩子一次。

令周舟印象最深的是，有一次他回到家，抱着孩子让孩子叫爸爸，孩子一边哭一边挣扎着跑到妻子的身边，嘴里还不停地念叨着“怕”。这件事让周舟陷入了迷茫，不知道自己做的对不对，也不知道自己怎样做才对。

为了理清自己的思绪，周舟将自己在生活和工作上比较重要的身份列了出来：丈夫、父亲、儿子、老板、合伙人。然后又在每个身份的后面写上自己最希望做的事情，当他写完了自己对“丈夫”和“父亲”这两个身份的期望时，周舟就将笔停了下来。

因为他发现自己写的内容太普通了，那就是很多人每天都会发生。例如在“丈夫”的后面，他第一个写的就是希望能和妻子再去楼下的小龙虾店吃一回小龙虾。周舟和妻子是典型的“无辣不欢”，两个人最喜欢的就是麻辣小龙虾。之前两个人一两周就会去吃一次，周舟第一次和妻子表白就是在这家小龙虾店内，但是创业以后两个人就再也没去吃过了。

在“父亲”的后面，周舟写的是能好好陪孩子玩一段时间。周舟工作忙，经常是早上孩子还没醒，他就走了，等他回来孩子又睡了。妻子怀孕的时候，他就想过要教孩子写字、带着孩子爬山、教孩子骑车、教他游泳……

此时的周舟才发现自己为了工作，将家庭抛弃了太多。

为了解决问题，他决定改变自己生活和工作的方式。他将每周的工作计划细化，然后加入了家庭计划。在保证工作的前提下，周舟将注意力更多地转移到了家庭中。他养成了无论工作多忙，出差后的第二天都空出时间交给家庭的习惯。

或许有人会说这样的创业很难成功，公司根本就离不开人。公司离不开你，难道家庭就离得开你吗？一个稳定的家庭就是一个“三脚架”，妻子、丈夫、孩子分别站在一角，无论少了哪一个都会对另外两个造成极大的影响。

我不是想要宣扬“创业和家庭不能兼得”的理论，而是想给创业者们打个“预防针”。在怀抱梦想，雄心勃勃地准备大显身手之初，一定要想清楚如何兼得家庭与事业。

后来，我单独约了常永裕出来，问他：“你爱你的孩子吗？”

他莫名其妙地看着我，说：“谁能不爱自己的孩子呢？”

“那你如何爱他们的呢？”

“我拼命赚钱，让他有一个富足的成长环境，这份爱还不够吗？”

我摇了摇头，说：“爱说远可以很远，说近又可以很近。你在铺设一场长远的爱，这本身没错，但在这份爱兑现之前，你的孩子却已经离你很遥远了。”

他沉默不语。我继续说：“一个孩子的心理成长期十分关键。这个时期一旦过去，就再也不会回来，我们很容易忘记得到过的快乐，可痛苦却能长久地留存下去。对于一个孩子而言，体会到没有父亲陪伴后，往后再怎样挽回，都是于事无补的。”

(四)

人们总是觉得工作比家庭重要得多，因为工作意味着收入，收入意味着家庭的幸福。若是一个家庭本身已经残破不堪，那我们的努力，又是为了什么呢？我们去努力赚钱，仅仅是为了这个家庭能够拥有更多的欢乐。然而，如果为了赚钱，却让这份欢乐不在，这有些本末倒置。

现在的常永裕懂得了“各尽其职”，他将工作计划好，然后把空余时间尽量都安排给了家庭。

因为常永裕自己是个足球迷，到了周末他就带壮壮去踢球，刚开始的时候壮壮不愿意和他说话，一副爱答不理的表情。后来，常永裕一展自己高超的球技后，壮壮开始转变了态度，父子俩不再“相顾两无言”。常永裕一脸骄傲地说道：“每次和壮壮踢球的时候，我一进球，他看向我的眼神里都是崇拜。”

当常永裕开始改变，妻子张薇脸上的笑也多了起来。在他向家庭靠拢的同时，她也在向他靠拢，开始学习一些跟他工作相关的知识，希望能够在事业上帮助常永裕。

你看，当一颗心开始敞开后，其他心便会渐渐连在一起。

在中国的大多数家庭里，年轻父母忙于工作，便请老人帮忙带孩子。这时，育儿往往不只涉及教育，还是一场家庭关系学。相较只有一个孩子的家庭，“二孩”家庭有更加复杂多元的家庭关系需要处理。而这世上并不存在一套可以适用于每一个家庭关系处理的法则。你需要懂得边界和尽量理解，做到爱的平衡。

5. 阿慧 |

爱的平衡

（一）

自从 2013 年“单独二孩政策”推出后，许多人都开始考虑生与不生的问题，然而许多人只是想想而已，并没有真的付诸行动。

我曾在网上做过一次名为“单独二孩政策推出后，现阶段你想生二孩吗？”的调查。一共有 27729 人参与调查，57.1% 的人不愿意再生，只有 21.4% 的人表示想要生，另外还有 21.5% 的人表示视情况而定。这样的结果既是意料之外，又是情理之中。在选择理由一项中，大多数不愿意生二孩的人选择了精力和金钱，大多数愿意生的人选择了老人，这也是现代人难以避免的现实。

我的身边有很多80后的妈妈，她们一边要工作，另一方面还要照顾家庭。在我看来她们都是三头六臂的超人，可以在周六加班的时候将孩子带到办公室，一边应付着客户，另一边还照顾着孩子。

阿慧就是其中一个典型的80后辣妈。

说到和阿慧的相识也是碰巧，那次我受邀参加一个讲座，许多父母都带着孩子来听，阿慧就是其中之一。

中间休息时，我去洗手间洗手，旁边一个小女孩吸引了我的注意。她一个人站在洗手池边，用力地踮着脚够水龙头，身上的衣服都湿了。我擦了擦手上的水，走过去蹲下来问她："小朋友需要我帮你吗？"

那个小姑娘转过头看了我一眼，没有说话，继续够水龙头。

我一愣，是我的语气太吓人了吗？我放柔了声音，又问："小朋友，阿姨不是坏人，阿姨可以抱你洗手。"

我的话刚说完，一个厕所门打开，出来了一个穿着非常时髦的女人。

小姑娘一看见她就扑了过去，边跑边叫："妈妈，妈妈。"

那个妈妈看了一眼小姑娘，又望了一眼洗手台，伸手制止了小女孩即将扑过去的身子，皱着眉说道："你又玩水了是不是？又把衣服弄这么湿，你看回去谁给你洗！"

我见那个妈妈似乎误会了，连忙帮小姑娘解释道："没有，你女儿没玩水，是因为台子太高了，她够不到才弄湿衣服的。"

那个妈妈看向我，一愣："老师？！我刚带着孩子听你的讲座呢！"

我笑了笑说："谢谢你的支持！不过你女儿确实没有玩水，孩子的内心是很脆弱的，没做的事不要强加在她身上，会给他们留下很深的影响的。"

那个妈妈连连点头说道："是是是，我知道了！老师能加个微信吗？我觉得你讲得特别好，让我学到了很多。"我们加了好友后，她经常找我问问题，久而久之我们也就熟悉了。

之后我渐渐了解了她的生活，阿慧和她老公打拼多年，日子算是衣食无忧。两人结婚后的第三年生下了一个女孩，取名然然。后来单独二孩政策出了以后，鉴于双方父母的要求，再加上阿慧自己也想给然然添个伴儿，就又生了个男孩，取名果果。

这日子本应该是越过越好，但他们的家庭存在着难以调节的矛盾——婆媳关系。

阿慧是北方人，性格直来直去，点火就着，但火来得快去得也快。而丈夫阿俊则是南方人，性格不温不火，家里还有个妹妹。

在恋爱之初，双方家长就互相看不上对方的孩子，总觉得对方配不上自己的孩子。好不容易结了婚，夫妻俩在城市买了房过上自己的小日子，矛盾就被表面的平静掩盖了，直到果果出生，这个矛盾再次到了风口浪尖。

一天晚上，阿慧突然给我发了一条语音，她说她不知道是不是该将婆婆接来帮忙照顾孩子。我了解阿慧的工作，更了解她和她婆婆之间那严重的矛盾。阿慧一直在给一家私企做会计主管，而阿俊在一家电子企业做产品开发，后来他离开了原公司，自己开了个公司单干。

新企业发展之初，很多事情都需要阿俊决定，忙的时候阿俊就睡在公司，家里只剩阿慧一个人。上了一天班后，她既要带孩子，还要完成自己接的“私活”，长期下来身体实在吃不消。阿俊心疼妻子，想让自己的母亲过来帮阿慧带带孩子，但又害怕两个人会吵起来，阿慧看出了丈夫的顾虑，内心也在纠结该不该让婆婆来。

她说，她很难控制住自己的脾气，到时候肯定会发火的。

我笑了笑，说道：“这人还没来呢，你就先打退堂鼓了？老人来帮你带孩子，是你的福气，你未来好处多着呢。”

劝了几次后，阿慧提出让婆婆过来帮帮忙。

刚开始的一个星期，两人倒相安无事。久了以后阿慧就受不了了，小到饮食习惯，大到对孩子的教育，两人总有冲突之处。

每次在微信上倒苦水的时候，阿慧一说就能说上小半天。最让她受不了的就是婆婆总在偏心果果，每次两个孩子一吵架，婆婆一定先骂然然。我也和阿慧说过，这个必须要跟她的婆婆好好谈谈，但她总是借口工作忙、不好开口，就这么一直耗着。

直到有一天，阿俊在公司开会没回来，阿慧刚从书房出来就看见婆婆在训然然："不是跟你说了，你是姐姐要让着弟弟嘛！他不就是想拿你的娃娃玩玩，你就让给他。"

然然抱着娃娃猛摇头："不要，弟弟每次都把我的娃娃弄坏，刚才还把我的画画本给撕了！"

婆婆一把将娃娃从然然的手中抢了过去，塞到了在一旁大哭的果果手里，这一下，把然然也弄哭了。

阿慧连忙冲过去把然然抱在怀里。婆婆抱怨："你就惯着她吧，你看给她惯成什么样了。"

阿慧一听火就上来了："妈，这件事我都看见了，是果果先做错了，你怎么不批评果果呢？"婆婆说："果果才多大，他懂什么呀。"阿慧说："正因为他小，才更要教他，不是什么东西他想要就给他的，这以后出了社会谁惯着他啊。"

说完，阿慧看着一旁吓得不敢出声的果果冷声道："果果，拿着娃娃过来。"果果怯怯地躲到了婆婆的后面低声抽泣，婆婆将果果护在后面，生气地说："你有什么不高兴的，你就冲我发火，你冲孩子喊什么？"说完，婆婆抱着果果回到了房间，锁上了房门，阿慧抱着然然站在客厅气得头顶直冒火。

（二）

当天晚上，阿慧就给阿俊打电话说了这件事，阿俊连夜开车赶了回来。

一回到家，他就看见阿慧气冲冲地坐在沙发上。阿俊只好先安慰她：“你先别生气了，这么晚了，妈估计都睡着了，等明天妈醒了咱们再说！”

阿慧没理阿俊，一言不发地起身走到然然的屋里和然然一起睡。

睡前她给我发了个微信，但因为太晚了，我们没聊几句就结束了。当时，我给她发了一段话：“这件事确实是你婆婆做得不对，她有点偏心果果了。但是你又怎么能当着小孩的面，和长辈吵起来呢？言传身教，你这言没传好，身也没教好，到最后可不就只剩下一肚子无处发泄的怒火嘛。你也别在意，第二天好好和你婆婆说一下，她会理解的。”

但事实证明我低估了她们之间的矛盾。

第二天一大早，阿慧还没醒，就听到屋里有人在喊叫。她坐起来仔细一听，是婆婆的声音：“你就是有了老婆忘了娘，她每天给我气受，我说啥了……”

“嘘，妈，你小点声，孩子和阿慧都还没醒呢……”

阿慧没忍住冲到了客厅，外头两人一见她都是一愣。阿慧有点生气，说：“妈，我平常哪给你气受了？不就是昨天我看不惯你管孩子的方法，和你争辩了两句嘛？”婆婆一听这话更是来气，指着阿慧，盯着阿俊说道：“你看看，这就是你的好媳妇，这是要爬到我头上啊，当初是你们说带不了孩子让我来的，现在又说看不惯我教育孩子，那我走好了。”说完就回屋收拾东西去了。

阿俊冲阿慧说道：“你能不能少说两句，你怎么也跟她一般见识啊！”

阿慧冷哼了一声，道：“让你妈走好了，看我能不能带得过来两个孩子！”

这一闹，阿慧的婆婆就真走了，她又回到了一个人带两个孩子的困境。但她就是憋着一口气不愿意向婆婆低头，每当阿俊问她要不要找人帮忙带孩子，她都硬着嘴说不用。

没过多久，阿慧原本就高挑的身材变得更加纤瘦。她对我说，现在的她就像一个陀螺一样连轴转，无论是周末还是工作日，都得五点半起床，给孩子买菜做饭。

周一至周五，她白天将然然送到幼儿园，将果果送到托管班。而放学后然然也会去托管班，等阿慧七点多下班了一起接他们回家。

周末然然要在市里的少年宫上钢琴课，她必须全天陪同，因此只能带着果果在少年宫待一天。等晚上回到家就已经六点多了，做饭、吃饭，然后是做家务，再把两个孩子哄睡着，她才能开始完成自己的私活。

她感叹自己过的简直就是单身妈妈的生活，有老公和没有一样。阿慧的困境，相信是很多现代家庭的通病。

年轻的父母两个人都工作忙没时间带孩子。去外面找保姆的话，一要担心现在很多雇主和保姆之间的纠纷问题和保姆虐待儿童事件；二则要担心费用问题，现今请一个好的保姆的价格绝对不低，对大多数本来就因为生了二孩而经济压力陡增的家庭来说，更加难以接受。

于是，父母们就成了首要的后备力量，但是，和老人生活在同一屋檐下，两代人的各种矛盾是不能避免的，这样让许多家庭筋疲力尽。

都说婆婆和媳妇是冤家，但是现实生活中也不乏婆媳关系很和谐的例子。其实所有的矛盾追根溯源，就是两个女人都爱着同一个男人，不同的立场让她们对同一个男人有不同的表达方式，这也就造成了矛盾。

很多男人会因为家里婆媳关系的僵化而以加班或是出差为由，逃开旋涡的中心。但是婆婆和媳妇却难以逃脱，她们是旋涡的源头，也是助力器。当孩子出生后，这股旋涡就会自然而然地延伸到家里的小宝贝身上，因为“当事人”还没有自己的想法，因此争夺也就变得更为激烈。

但是，“爱”从来就不是争夺，而婚姻，本就是两个截然不同的家庭的融合，促成这一过程的融合剂就是“爱”。父母对孩子的爱，夫妻之间的爱，虽然这些爱的表达方式不同，但都是希望一个家庭能完整。

而当我们一直在强调婆媳关系的难以调和时，却忽略了夹在其中的孩子。

面对两个女人之间的“战争”，一个成年男性尚且都会因此心烦意乱，那么对一个柔弱的、没有自主能力的孩子而言又会造成多么大的影响呢？

（三）

我在婉华第一个女儿婷婷还只有四岁大时我就认识她了。当时，婉华想再要一个男孩，但是她怕自己带不过来两个孩子，常常在周末的时候找我咨询该做些怎样的准备。

因为婉华他们夫妇俩都要上班，我曾经劝她多想想，如果再生一个孩子，生活和工作之间肯定难以调和，而且两个孩子的相处也是一个大问题。

婉华却不以为意，她觉得婆婆可以帮忙带孩子，而且她觉得婷婷这么乖巧，肯定会接纳弟弟的。很快，在婷婷上一年级的时候，二宝降生了——是个男孩，小名叫豆子。

豆子出生后，婆婆就正式搬到了婉华家，白天婉华和丈夫要上班，婆婆就自己带豆子。

刚开始婉华对婆婆十分感激，但随着豆子越长越大，婉华越来越看不惯婆婆的行为。两个孩子在一起时，婆婆有什么好的都先给豆子。孩子一吵架，婆婆就只会骂婷婷。婉华和婆婆说过几次，都没有什么用，而当婉华要管孩子的时候，婆婆就会将婉华说一顿。

刚开始的时候婷婷会和奶奶争辩几句。后来婷婷越发受不了奶奶重男轻女的行为，也就顺带着不喜欢自己的弟弟，常常会打豆子，甚至会用脚踹豆子。婉华看见了很生气，只能劈头盖脸地骂婷婷一顿，久而久之，婷婷就更加不满，也更加叛逆。

上了初中的婷婷更是变本加厉，逃课、谈恋爱、喝酒……除了学习以外的事情，她都做了个遍。到初三下学期，婷婷借着参加学校组织的晚自习的名头，实际上却是天天晚上去酒吧。

婉华因为工作忙和婷婷见面的机会都很少，见面后总是说不上几句就吵了起来。几年前婉华曾几次想下决心放弃工作好好带孩子，但又因为各种原因迟迟没有做决定，一直拖着才酿成了难以挽回的后果。

大家在一个家庭里生活，矛盾在所难免，而矛盾可以调节，裂痕却难以弥合。在一个家庭里，发生矛盾时，最大的受害者就是孩子。因此两代人即便在观念上有着再大的不同，也不应该在孩子面前流露出对对方的不满。有任何的矛盾都应该背着孩子协商，否则一个在敌对和仇视的环境中成长的孩子，他的性格很容易扭曲。

当我将婉华的事告诉阿慧的时候，她已经因为长期的劳累而倒在了办公室，不得不又将婆婆接了过来，婆婆的很多行为阿慧依旧看不惯，但她现在只能忍耐，一肚子的埋怨除了能跟偶尔回趟家的阿俊说说，其他的都只能找我说。

我告诉阿慧不是只有爆发和忍耐这两个选项，还可以选择调和。但于上自己是个晚辈，于下自己又是长辈，这样一个中间的身份，使我们不得不比其他两者付出更多的努力。

老一辈的人，思想比较难与时俱进，作为晚辈的我们就要有更多的包容心和应变能力。在非原则性问题上，我们尽量做到不当面顶撞，而是委婉地疏导；在原则性问题上，则是理智地讲事实摆道理，而且要注意的是，有些事情要学会找些“帮手”。

一件事情的发生，让阿慧意识到了缓解婆媳关系的重要性。

这天，婆婆出门买菜，阿慧陪着两个孩子在家看动画，然然突然指着动画里正在挨打的角色说道：“妈妈，你也打奶奶好不好，她对然然一点都不好。”

阿慧连忙问她发生了什么事情，然然却支支吾吾地不说话，阿慧着急地提高了声音：“然然，快告诉妈妈发生了什么！”

然然吓了一跳，说道：“昨天奶奶不给我买巧克力。”

阿慧惊讶地看着然然，她没有想到然然会因为奶奶没给她买巧克力就说出要自己打奶奶的话。

“然然，你怎么能这么说呢？奶奶是要保护你的牙齿，才不给你买巧克力的，你怎么能有这样的想法？”

然然撇了撇嘴，不满地“哼”了一声，就跑回了自己房间。

阿慧忽然意识到也许是因为自己和婆婆的关系，才导致然然这么小的孩子居然会说出要打人的话。因为奶奶的偏心让她将奶奶视为“坏人”，妈妈会帮着自己和奶奶吵架，就意味着妈妈也会为了自己去打奶奶。

阿慧联想到了婉华的例子，她决定先要和然然好好谈谈，纠正她错误的想法，然后最重要的是——她需要改善自己和婆婆的关系。和然然沟通不难，毕竟孩子还小，还比较容易改正，但是和婆婆之间的关系就需要好好思考了。

阿慧将自己的想法和阿俊说了一下，阿俊表示十分的支持。之前婆婆对阿慧有什么不满都会告诉阿俊，而阿俊怕事情闹大从来不将这些告诉阿慧，现在阿俊将这些全部告诉阿慧，阿慧也会努力接受，能改的就改，改不了的就当没听见。

婆婆察觉到了以后心里不大舒服，但是碍于阿慧没有任何表现，自己也不好发作。只是有意无意地在话里表示自己就随口一说，别太在意。这时阿慧就会装傻，表示都是一家人没什么，婆婆渐渐也就知道自己的儿子和媳妇是站在一个阵线上的，不再说什么了。

而另一方面，阿慧则是无论婆婆说什么，她都待她如初，以心换心，时间久了，婆婆也就知道了阿慧的好。

此外，阿慧还将小姑子“拉拢”过来，和自己一个战队。之前，小姑子结婚和怀孕的时候阿慧帮了很多忙，小姑子自然十分感激，当她听到自己的妈妈偏心果果后，主动表示自己会帮忙劝劝母亲。

在一次家庭聚会上，婆婆让小姑子再生一个，小姑子连忙说自己不想生二孩，自己第一胎生了个女孩，如果第二胎生了男孩怕自家的婆婆重男轻女，那样对孩子一点也不好。而平时，小姑子也会劝自己母亲别总是因为果果小就惯着他，这样无论是对大的还是对小的都不好。久而久之，婆婆就意识到了这个问题的严重性，在对待两个孩子的态度上也不断地发生改变。

前年正好是婆婆的六十大寿，阿慧提前半个多月就开始做准备，小到衣服鞋子，大到酒店宾客，阿慧一手包办。

宴席上，婆婆拉着阿慧的手对旁边的亲戚说：“阿俊幸运啊，能娶到阿慧这样的好媳妇，我这个儿子一点也不关心我，媳妇可比儿子强多了。”

现在的家庭教育和几十年前相比发生了极大的变化，养孩子不再是问题，如何养个从身体到心理都健康的孩子才是问题。而这些放在二孩家庭里更是一个大问题，家庭的和睦，既需要智慧和包容，也需要沟通和理解。在一个充满正能量的环境中成长的孩子，才会犹如一颗充满朝气的小太阳，永远蓬勃向上。

对一个经济实力薄弱的家庭而言，生育两个孩子容易，养大却很困难。他们或许可以拥有与天下所有孩子一样丝毫不打折扣的爱。但这样的爱，是否足够？

6. 娇子|

在经济实力面前，有爱是否足够

(一)

我曾经在一个公共领域，对 100 对夫妻做了一个关于“你为什么不生二孩？”的粗计算。

100 对夫妻里，只有 1 对夫妻表示根本就不喜欢小孩，所以不生；有 7 对夫妻是因为“家里的大宝反对”；有 10 对夫妻是因为“生了二孩就没有自由”。这些父母大多是二十五岁到三十八岁之间，对现在的生活已经很满意了，不希望多一个孩子影响现在的生活；有 18 对夫妻是因为“工作原因”。这些夫妻中，有的是因为工作正处于上升期，有的是因为公司有“不成文的规定”——不“建议”生二孩；还有 21 对夫妻是因为“没有人照顾孩子”。这些夫妻平时都要上班，到了可以生二孩的时候，双方老人的年龄已经大了，根本就没有精力照顾孩子；最后有 43 对夫妻是因为“经济原因”。

中国大多数的家庭生活水平中等。但是随着经济的发展，物价的不断增长，现代人的职业压力越来越大，而教育压力也变得越来越沉重。在这样的现实背景下，经济环境不算优渥的家庭是不是就不能生二孩了呢？

娇子和老胡都来自湖南农村，两个人是青梅竹马的玩伴，大了就成了携手一生的伴侣。当初两个人同时报了上海的大学，毕业后就留在了上海，娇子是一名护士，而老胡则在当地的一家国企上班。

两个人有个八岁半的女儿，小名叫叮当。每当孩子放假，娇子和老胡就会特意请假陪孩子到处旅游，增长一下见识，一家三口的生活算不上大富大贵，但也是有滋有味。

原本美好的生活却在 2015 年被意外到来的二孩破坏了。

那天娇子上班前就觉得自己身体不太舒服，但一到医院，她便马上投入工作。等到忙完了，娇子在休息时才发现自己肚子疼得站不起来。医生给娇子大致检查后，决定带她去照个 B 超。等到 B 超检查完后，医生告诉娇子她已经有两个月的身孕了。

娇子缓了一会，给老胡打了个电话说明情况。老胡在电话那头也是一惊，追问了好几遍：“真是怀孕了吗？不会检查错了吧！”

当他们俩冷静下来后，两个人都陷入了挣扎。

他们的生活虽然算不上贫穷，但也不是很富裕。等到孩子生下来，奶粉、尿布、衣服等都是要花钱的。因为夫妻俩根本没想过要生二孩，叮当小时候用的那些东西丢的丢、卖的卖、送人的送人，现在一切又要重新开始。最后，老胡和娇子决定先对两边的父母隐瞒怀孕的事，这样的话如果最后两人决定把孩子打掉，老人也不会跟着担心。

（二）

老胡和娇子仔细算了算，两个人一个月的工资加起来不过一万多，但大女儿叮当现在在上小学，光补习班和兴趣班的费用加起来就要好几千。

二宝出生后，衣食住行更是样样都要花钱。

首先说“住”，现在他们一家租了一个两室一厅的房子，如果生了二孩，这个房子根本就不够两个孩子活动。但是，现在的这个位置靠近地铁站，购物、交通、医疗等方面都特别便利，最重要的是这里属于学区房，如果现在要重新租房子，很难找到条件这么好的了。

接着是“衣”，尿不湿是必不可少的，可小孩子换得勤，价格也不会很便宜。此外，二宝的衣服全部都要重新买。

然后是“吃”，除了刚开始喝母乳外，二宝大了就要喝奶粉了，叮当小时候正好赶上“毒奶粉事件”，所以给孩子喝的都是进口的奶粉，那次事件导致娇子心里已不大敢相信国产的奶粉。可如果买进口奶粉一罐就要两三百，而一罐只够喝两到三周。还有各种“工具”，例如吸奶器、保温瓶、奶瓶、奶嘴、消毒器……

至于“行”，还算好解决，一个大概两三百块钱的婴儿车就够了。

老胡和娇子发现，以他们两个人的经济实力，生二孩的压力实在是太大了。孩子生下来养不起，原本挺好的生活也过得不幸福。思前想后，夫妻二人决定去把孩子打掉。

这天一大早，老胡就陪着娇子去了医院。谁知主治医生却告诉夫妻俩，娇子有中度贫血，不适合做流产。如果强行做手术，母亲很有可能也会有危险，因此最好的方法就是把孩子生下来。

这突如其来的情况是夫妻俩谁都没预料到的，骑虎难下的老胡一咬牙决定生下孩子，老一辈的人那么穷，七八个孩子都养活了，他就不信自己养不活两个孩子。

决定了要生下孩子，他们马上把这个消息告诉了双方父母，然后就是做叮当的“思想工作”。但是叮当对于自己将有个弟弟或妹妹这件事一点也不排斥，反倒还特别兴奋，吵着说要照顾二宝。叮当的态度让娇子心里的一块大石头落了地。

孩子的问题解决了，夫妻俩就开始思考经济的问题了。

最开始老胡考虑把现在的工作辞了，下海经商或者是合伙创业，但是娇子认为国企的工作虽说是死工资，但总体来说还算是旱涝保收，经商和创业的风险太大了。

娇子的想法是自己在做护士的同时，还可以做微商。她以前做过一段时间的微商，后来因为自己的身体不太好就停做了，但她仍保留之前的客源和货源。现在如果重新做，很快就能上手。老胡却不大同意，娇子身体本来就弱，现在还怀着孕，对她身体负担太重了。

最后，两个人决定本职工作都不动，都挣点外快。

经过十月怀胎的艰辛，二宝终于出生了，是个男孩，小名叫敦敦。虽然才刚出生不久，但是敦敦特别乖巧，总是笑眯眯地到处看。无论是谁抱他，或亲他，他都不会生气厌烦。偶尔的，因为饿了或是困了，他哭几声也就停了。

叮当也特别有小姐姐的样子，哄敦敦睡觉，帮敦敦擦嘴，逗敦敦玩。每当这个时候，娇子就特别庆幸没有打掉他，要不然自己会后悔一辈子。

敦敦出生后，娇子和老胡因为工作的原因，只能让双方的父母轮流过来帮忙带孩子，等敦敦稍微大一点了再做其他打算。

因为家里的开销陡然增大，娇子和老胡商量了一下，决定暂时停掉叮当的钢琴课和绘画课，节省开支。

于是，在上完了最后一节课后，娇子当着叮当和其他同学的面，直接和兴趣班的老师说叮当以后不来上课了。旁边的小朋友们一听到娇子这么说都围了过来，拉着叮当的手表达自己的不舍，还有好几个小姑娘眼眶都红了，叮当则是愣在了一旁，没有一丝反应。娇子以为女儿是不舍得朋友，就摸摸叮当的头，冲小朋友们说道："如果你们以后想叮当了，就来家里玩，阿姨给你们做好多好吃的。"之后，她又陪着叮当在教室里和几个小朋友玩了一会才回家。回家后，叮当回房间做作业，娇子忙着先给敦敦冲奶粉，然后再准备做饭。

等到晚饭做好，娇子叫了好几声，叮当才出来吃饭，她才发现叮当的情绪不太高。平时每到吃饭的时候，叮当总能闻着菜香，蹦蹦跳跳地从房间里出来，婆婆还常拿这个逗叮当说她是"小狗托生"的。可是今天，叮当不仅没有兴奋地出来，连吃饭的时候她也不像以前那样开心地讲述自己一天发生的事情。

娇子察觉出不对劲，但是没放在心上，只想着一会吃完饭后再问问叮当怎么了。可吃完饭后，娇子的微信上碰巧有几个老顾客想买东西，等一切都搞定后，叮当早进入了梦乡。

（三）

第二天，叮当似乎恢复如常，娇子也就没把昨天叮当的异常放在心上。

直到有一天，老胡熬夜加班，路过叮当的房间时发现叮当还没有睡。他坐在床边摸摸叮当的头，轻声说道："怎么啦？睡不着？"

叮当摇摇头，小声说道："还不困，我马上就睡了。"

老胡看着叮当委屈的小表情，叹了口气，提议道："要不今晚让你和妈妈一起睡？"

听完这句话，叮当两眼发光地看着他，兴奋地在床上站了起来："真的吗？好啊！"

于是，老胡抱着叮当回了房间，对娇子说道："孩子睡不着。"

娇子轻声问叮当发生了什么，为什么睡不着。叮当看着她摇了摇头，说没有。见叮当实在不愿意说，娇子就轻拍了一下叮当的背，哄她睡觉。没一会儿，叮当就睡着了。

过了几天，我被叮当的学校邀请做了一场关于亲子关系的讲座，我在这里认识了娇子。娇子在演讲结束后的后台找到了我，想就叮当的反常咨询一下。

我听了娇子的话后，告诉她叮当是个心思很细腻的孩子，她能很敏锐地捕捉到周围人和环境的变化。很多时候她有心事不说出来，只是因为她不知道该怎么表达，或者是她觉得自己不该表达出来。

我建议娇子仔细想一想，最近叮当有没有遇到什么让她觉得不高兴的事情。

娇子想了想，说："最近也没发生什么事啊！最大的事也就是她不用再上兴趣班了。"

我连忙问道："为什么不上了？"娇子叹了口气，说道："家里有两个孩子，开销比较大，我和她爸就决定不让她上兴趣班了。但是叮当以前就和我抱怨过不愿意上兴趣班，现在她不是应该感到高兴吗？”

我想了想，说道：“孩子的天性就是爱玩，不爱上兴趣班也是有可能的。但是她和你抱怨了，不代表她就真的讨厌上这个兴趣班，有可能她只是讨厌周末还要上课的这种形式，也有可能她是不喜欢老师。你连叮当讨厌什么都没搞清楚，就帮她做了决定，也许她自己并不是这么想的呢？你决定不让她上兴趣班这件事，和她商量过了吗？”

娇子愣了一下，摇摇头：“没有啊，我和她爸都觉得可以停下来，这就够了吧？”

果然，我想的没错。我对她说：“这怎么就够了呢？孩子慢慢大了，你们的每个决定都应该和她商量。虽然你们是她的父母，但是应有的尊重还是要有的。我觉得你回去以后可以先和叮当好好谈谈，孩子的心思很单纯，你只要用心问就一定能问出来。如果真是因为兴趣班的事，我觉得你可以给她道个歉，毕竟是你不对在先。你要听一下叮当是怎么想的，然后适当地将你和你丈夫的想法透露给她。沟通好了，一切就迎刃而解了。”

听了我的建议以后，娇子当天晚上就和叮当谈了一次。

原来叮当想要继续学钢琴，因为周围玩得好的小朋友们已经学了好多新曲子。

娇子拍了拍叮当的头，说道：“你怎么不和妈妈说呢？是妈妈不对，当时不应该没和你商量就直接不让你上课了。”

叮当摇摇头，说：“没关系，妈妈，我知道家里现在不够钱让我继续学习了。”

这句话让娇子很惊讶，她不知道叮当是怎么知道家里的经济情况的，一时间娇子也不知道该怎么和女儿说了。于是，她只好向我询问该怎么办。

娇子表示自己虽然没有跟叮当明确地说过家里的经济状况，但是现在很多地方自己都能省则省。

例如以前自己会带叮当出去旅游，但生了敦敦后一次都没出去过；以前自己经常给叮当买衣服，生了敦敦后只记得给敦敦买衣服，却老是忽略了叮当。倒也不是刻意地去克制，就是自然而然地节省了这些开支，而且都是在孩子的身上。

我告诉娇子，每个生了二孩的家庭在各个方面都会增加一定的负担，有一定的压力这很正常。其实，娇子有一点做得很好，那就是不“打肿脸充胖子”，而是实实在在地将现实问题摆出来。但是需要注意的是，把问题摆出来是为了让孩子知道努力的重要性。与此同时，父母要坚定地告诉孩子不要为钱的事担忧，父母完全可以支撑他们的生活。但是等他们长大成人了，就需要通过自己的努力去创造属于自己的财富。

回到家的娇子和老胡沟通了一下，决定给叮当报回钢琴班。他们后来也和叮当好好谈了一下，告诉叮当不用担心钱的问题，她只要快快乐乐地长大就可以了。虽说敦敦年龄还小，不适合长途旅行，但夫妻俩还是会和以前一样，找个叮当放假的时间，带着孩子到附近去逛一逛，哪怕只是去附近的海边走一圈。

其实，孩子对世界的反应和成人不同，他们最大的感知就是——好奇。如果好玩，他们就会感兴趣，他们更在乎的是情感上的满足和共鸣。只要父母用最饱满的爱包容孩子，那么孩子仍可以在一个精神富有的环境中健康成长。

给孩子最好的——养育一个孩子的时候，父母尚且容易做到，有了两个孩子则一定会感到困惑与纠结。究竟什么是精英式的教育？精英的标准是否有多种定义呢？

7. 单微微 |

最亮的星星是哪一颗

（一）

“老师，你的孩子都报了什么补习班？学了什么才艺？”

“老师，我的孩子现在学业特别紧，应该让她继续学钢琴吗？”

我的手机里一直充斥着这类短信。每当我看到这些消息时，内心都是一阵感慨。与其问我，为什么不去问问自己的孩子呢？好好听听他们的想法，会比咨询我有用得多。

不知道从什么时候开始，父母对孩子的学习和才艺的重视程度已经到了一种疯狂的地步。我曾经询问过许多想要增加孩子学习强度的家长，他们告诉我“不让孩子输在起跑线上”。我觉得这句话可能是中国教育史上最大的谎言了。

在这个观念的影响下，父母忙着给孩子报各种补习班和兴趣班，恨不得将一个小时掰成八个小时让孩子学习。可是当我们的家长刚学会了反思和质疑，从“起跑线”上挣扎出来，“精英教育”又横空出世了。于是，曾经的绘画班、舞蹈班、乐器班，升级成了现在的礼仪课、国学课、高尔夫球课。但无论是“不输在起跑线”还是“精英教育”，我觉得本质都是一样的，带着一点“新瓶装旧酒”式的自欺欺人。一些父母连什么是“精英教育”都不懂就成了其忠实的追随者。

因为政策的原因，中国前几年的家庭一直是独生子女的状态，因此在教育上，为了孩子有更好的未来，父母自然会希望孩子有更多的选择。那么随之产生的各种教育方式，就引起了许多人的深思。

“全面二孩”政策的推行，在拥有两个孩子的家庭中，这种危机感会比独生子女家庭要低吗？答案是否定的。两个孩子的存在，更多的时候意味着“精英教育”的双倍实施。

我的一个朋友就是忠实的“精英教育”推崇者。

她的大女儿按着她的计划成长，五六岁就会背《三字经》《弟子规》《百家姓》，从重点小学到重点中学，再到重点高中，所有人都称赞她教育方法的优秀。后来，她又生了个小儿子。“精英教育”又被原样地套在她儿子的身上，她儿子最后却是打架、辍学和离家出走。

我不是要全面批判“精英教育”，而是想给父母们多一个选择的可能。这个故事是发生在单微微的身上，她是一个全职妈妈，曾经也是一个“精英教育”的推崇者。

（二）

单微微有两个儿子，大儿子潇潇上高中了，小儿子磊磊在上小学。

在潇潇出生的时候，单微微就定下了要把自己的儿子培养成“人上人”的目标。单微微是从农村走出来的孩子，她是全村第一个大学生，并以省理科状元的身份考入北京大学。她的好胜心很强，任何事情，她都要求自己处于领先位置。因此，她年纪轻轻就坐到了公司总监的位置。

后来，单微微与一个创业公司的老板结婚了。婚后两年，她就生下了大儿子潇潇。

两个人工作都忙，但单微微不放心老人或保姆带孩子。于是她自己接下了孩子的教育和管理工作。

刚开始的时候，单微微到处找有关教育的书，去听教育的讲座。后来，她在网上看到了一篇关于国外精英教育的文章，这才如醍醐灌顶一般，发现这才是自己想要找的教育方式。于是，她找了许多精英教育的事例和概念，并结合自己的实际情况，制定出了一份属于单微微的“精英计划”。

为了配合自己的“精英计划”，单微微花钱托人把潇潇从家附近的一个普通小学转到了一个国际小学。这里以英语教学为主，课程也是多种多样。为了提高潇潇的成绩，单微微将潇潇所有要学的课都报了补习班。于是，每个周一至周五的晚上潇潇都要进行一对一的补课，上完课已经八点多了。还要再看两个小时的英文原著，一来增长见识，二来为了以后出国做准备。

周末的时间更是宝贵。周六的上午，潇潇要学习国学，这是为了塑造孩子的内在气质。中午休息两个小时后，跆拳道课就开始了，这是为了锻炼潇潇的身体，增加他的男子汉气概。周日上午，潇潇要去学围棋，这是为了磨平潇潇毛躁的性子，并锻炼他的思维。下午的钢琴课是为了培养潇潇的艺术天分。

而每天早上六点，潇潇会绕着楼下的小区跑半个小时，再去上学或去兴趣班。这样过了几个星期，潇潇还没什么大的反应，单微微却感觉有点吃不消了。早上六点潇潇要起床跑步，就意味着单微微最晚五点得起床，她要先做饭，等洗完脸刷完牙，也到了该叫潇潇起床的时间了。潇潇起来洗漱后，她自己会趁着这个时间换衣服，草草地收拾一下屋子。到了六点，她会陪潇潇一起跑步，因为她怕潇潇自己跑不安全，也怕潇潇会偷懒。

等到六点半，两个人再气喘吁吁地上楼吃饭，可能连碗都来不及收拾就要送孩子上学了。接着，就是单微微的上班时间了，这一天的精英教育“大战”也算是暂时画了个分号。

等到下班后，“战争”又卷土重来了。她得接孩子放学，再把孩子送去辅导机构。孩子学习的时候，她就先买菜回家，并把屋子打扫一下。

晚上是英语时间，孩子看英语原著，单微微就在一旁工作，时不时看看潇潇，检查一下他的阅读进度，当潇潇结束一天的学习、躺在床上时，已经是十点。等单微微收拾完躺在床上时，已经快十二点了。

感觉自己精力有限的单微微，萌生了要辞职的念头。但这段时间老板有再把她往上调的意思，如果这时候离开，就意味着自己的努力都付诸东流了。

单微微将自己的想法和丈夫说了出来，丈夫本来就不认同这种所谓的“精英教育”，现在听到她要辞职就更不愿意了。可单微微思前想后还是决定辞职。

辞职后的单微微有了可以休息的时间，也可以全身心投入到孩子的身上了。

潇潇上二年级以后，单微微开始想要生个二孩，周围的很多朋友都响应国家的“二孩政策”纷纷加入了二孩父母的“大军”，她想要再生个女孩，这样正好凑个“好”字。跟丈夫商量了一下后，她就开始了备孕，并很快怀孕了。

（三）

怀孕后的单微微每天想得最多的就是第二个宝宝的教育问题。虽然潇潇才上二年级，但他表现出来的“小大人”劲让很多人都非常喜欢，好多妈妈都表示想要和单微微学怎么教育孩子。

这让单微微得到了极大的满足，因此她内心对第二个孩子的教育期望变得更高了。

潇潇虽然上了很多兴趣班，但每样他都学得一般，无论是运动还是乐器，潇潇似乎并没有多大的天分，好在潇潇一直保持年级第一的好成绩，这稍微弥补了单微微内心的遗憾。

单微微想把第二个宝宝培养成一个艺术家。怀孕的时候，她每天在家里听各种音乐，钢琴的、小提琴的、萨克斯的……还会让丈夫带她去听音乐会。虽然自己一听就困，但她还是强撑着听完一整场音乐会。她还会去看各种画展，边看画边给肚子里的孩子念这幅画的介绍，一待就待到闭馆。

这样的习惯一直持续到二宝磊磊出生。也许是胎教起了作用，别人家的孩子睡觉靠母亲轻拍，磊磊却要放各种古典音乐；他对各种颜色非常敏感，一岁多的时候就能准确分辨出很多颜色；无论磊磊在做什么，每当有音乐响起，他就会马上集中精力去听。这些发现让单微微很兴奋，她觉得自己怀孕期间的努力果然没有白费，磊磊很可能是个天生的艺术家。

为了不浪费孩子的天赋，磊磊三岁的时候单微微就给他报了小提琴和绘画的兴趣班。刚开始的时候，磊磊特别高兴，时间久了他就不愿意去了，只要单微微一拿出小提琴和画本，便蹿得飞快，不是跑到卧室就是躲到洗手间里。

最开始的时候，拿零食或者是承诺周末去游乐园还能哄着他去，后来任凭单微微怎么说，磊磊把门一锁就是不出去。无奈之下，单微微只能把每个房间的锁都卸了下去。

二儿子不听话，大儿子也不让单微微省心。潇潇上了六年级以后，为了保证小升初的顺利过渡，单微微把原先每周末要上的兴趣班改成了预习班，与此同时还增加了奥数班。但自从潇潇开始上这个预习班，她和潇潇的关系就变得越来越远。

潇潇现在回家几乎不跟单微微说话，每次单微微想要和他说什么，潇潇都是一脸的不耐烦。甚至期中考试后学校要开家长会，潇潇都没有告诉她，直到班主任给每个没来的家长打电话确认情况，单微微才知道要开家长会。当单微微问潇潇时，潇潇一脸不屑地说道："我的成绩都已经是第一名了，家长会去不去有什么关系啊？"

那段时间，单微微整整瘦了五斤，见到她的人也都觉得她"老了好多"。也就是在那个时候，单微微找到了我。

我问单微微："后悔生两个孩子吗？"单微微不假思索地否认道："我从来没后悔过，虽然我每天都会生气和烦心，但是我还是爱他们。"

我又问了一句："那你后悔采取那所谓的'精英计划'吗？"单微微沉默了。

在所谓的"精英教育"里，孩子得到的很可能是"揠苗助长"式的成长方式，这样的孩子很容易在思维和情感中陷入迷茫和焦虑，因为他们不知道自己究竟是为了什么而学习，也不知道自己成长后的方向在哪里。

越是优秀，就越是迷茫，成绩和现实的巨大落差会使孩子的心理发生扭曲。美国有两所精英中学，从这两所学校走出的高材生数不胜数，但近几年有教育学家发现，这两个学校中学生的自杀率比全美国学生的自杀率高出四到五倍，而喝酒、打架、吸毒等情况发生的比例也要比其他学校高出两到三倍。

这两所精英中学的学生，有着最优秀的教育和最丰富的资源，但也拥有最低的幸福感。他们很少享受过周末的清闲和欢乐，也很少得到父母在情感上的关心和爱护。

也许在这样发展迅速的时代里，很容易催生出因势利导的心理。为了不让孩子被社会淘汰，为了能让孩子进入更高一级的社会阶层，父母们以自以为的“需要”来规划孩子的人生。他们将成功看得太过狭隘，也使成功到了孩子的身上变得更为狭隘。

潇潇是这样，磊磊是这样，还有很多精英教育下的孩子也是这样，不是每一个孩子都能适应精英教育，也不是每个孩子都需要精英教育。

精英式的教育，会让很多孩子习惯充满优越感的环境，等到真正走入社会后，巨大的落差感在他们的身上会产生很大影响。这样的“精英教育”，只能说是“金钱教育”。

当亲戚问两个孩子喜欢爸爸还是妈妈的时候，两个孩子往往是毫不犹豫地回答“爸爸”，原因也都是因为“爸爸不管我”。

两个孩子中变化最大的是潇潇，小时候的潇潇是人见人爱的开心果，又听话又懂事；长大后的潇潇变得孤僻，不愿意说话，潇潇的初中班主任和单微微提过这个问题——潇潇是个特别好的孩子，学习好，从来不惹是生非，但是在和同学相处方面有点害羞。

当我第一次见到潇潇和磊磊的时候，我就明显地察觉到这两个孩子的不同，磊磊年龄小，他对世界有着极强的好奇心。虽然他好动，但是只要发现了一个新东西，他就能一动不动地观察，哪怕只是一棵从没见过的小草，一块长得奇特的石头，他都能看得津津有味。至于潇潇，他的学习桌上有一本厚厚的画画本，里面有他随手画的铅笔画，也有水彩画。我印象最深的是他画的一个人物素描，画的是潇潇的美术老师，一个六十多岁的老头。人物脸上的每一条皱纹，每一个棱角，都画得十分真实。潇潇说，他特别喜欢也特别佩服美术老师，因为老师能把很多看起来特别丑的画，三笔两笔就改得很漂亮，而且美术老师人也特别和蔼。

我看着潇潇摸着画本的神情，那样的真挚，那样的坚定。晚上，我问单微微知不知道潇潇会画画，她一脸茫然："我只知道他总是喜欢写写画画，我看也不耽误学习，就没管他，我不知道他会画画啊！"

我无奈地告诉单微微："虽然话有点难听，但你的累是你自找的。孩子是你生的，但不代表孩子就是你，你更不能是你的孩子，也许你的孩子特别聪明，从小背的就是《三字经》《千字文》《哈姆雷特》，学的就是舞蹈、钢琴，有用吗？你的孩子会那么多，可是他连可以分享的人都没有。你教会了你的孩子学习，却忘了教他做人。再多的知识和才艺，也换不来孩子一去不返的童年。"

当我们一味地追求"精英教育"，往往会把它变成"拔尖教育"。真正的精英教育培养出来的精英不单单是学习上的优秀，更重要的是思维的清晰和意志的坚强。

后来，单微微不再追求所谓的精英教育，她给潇潇报了绘画班，也取消了磊磊的兴趣班。她忽然发现，在没有各种“班”的压迫下，潇潇变得开朗了，开始试着和陌生人接触了。而磊磊成了一个“小暖男”，他能敏锐地感受到周围人的情绪变化，说着贴心而甜蜜的话，安慰别人。

精英教育有它的正确性，但不代表它是真理。不同孩子的需求、资质也不一样，也许很多时候我们以为的成功其实只是失败披了一个充满诱惑的外套罢了。

爱情与年龄无关，但夫妻两个人的年龄差距有时候确实会在孩子教育过程中形成双重标准。当夫妻两个人有着截然不同的教育理念，“二孩”的家庭结构只会让问题雪上加霜。

8. 景石磊 |

爱的方式就是爱的语言

（一）

2015 年，欧洲有科学家以“年龄对婚姻的影响”为主题对 1534 对夫妻做了一项追踪调查。结果显示，婚姻里最稳固的男女年龄模式是男方大女方五岁左右。在此基础上，男女均受过高等教育，且双方之前均无离婚史，这样的婚姻更为稳固，双方的矛盾也比其他年龄差要低 60%。此外，丈夫比妻子大四至六岁的家庭，生育的孩子也是最多的，在那次调查中符合这个条件的家庭，大多是 2 个孩子，最多的有 4 个。

值得一提的是，当男方比女方大十五岁及以上时，这样的家庭虽然子女数量不多，但这个年龄差的夫妻婚姻的幸福度却是最高的。

反过来，调查的夫妻中，女方大男方五岁以上的家庭里的矛盾冲突是最多的，这里的矛盾不仅仅是指夫妻间的思想和生活习惯的不同，还有在孩子教育问题上的分歧等。

虽说这个调查结果不能算百分百的准确，但至少说明了一个现象，那就是无论是男方大，还是女方大，男女年龄差越来越大已经成为一个普遍的现象，这样的模式有着同龄夫妻难以拥有的优势，比如年龄大的一方经历丰富，更有包容心。

与此同时，年龄差距带来的问题也引起了人们的重视。

就夫妻双方而言，无论是在心理上还是生理上，俩人之间都存在一定的差距。另外双方的社会关系也不在同一水平线上，受到的舆论压力也更大。等有了孩子以后，家庭的矛盾只会更多。这里既有夫妻双方性格的原因，还有双方的年龄差距带来的学历、经历、价值观等一系列的不同差异。

三十岁的景石磊，是一家公司的部门经理，长得高大帅气，为人幽默风趣，办事能力强，公司里有很多小姑娘对他芳心暗许，但是他从来没有对谁表现出暧昧的态度。

直到有一天，公司里突然传出他要结婚的消息，大家才知道他一直有一个大他九岁的女友。

女友叫谢倩，和景石磊在同一个大学。在景石磊大二那年，谢倩作为优秀毕业生回校给学弟学妹们做演讲，而景石磊作为工作人员负责接待工作。那时，谢倩的大方开朗给景石磊留下了深刻的印象。而谢倩只是觉得景石磊是个难得且细心的学弟，因此当景石磊向她要联系方式的时候，她直接就给了他。

此后，两个人就开始断断续续地联系，期间两个人都各处过男女朋友，直到景石磊因为工作关系调到了谢倩生活的城市。两个人这才真正相处起来，他们在相识十年、相恋四年后结了婚。期间双方父母曾反对过，但拗不过孩子的心意，只好同意了。

婚后的两个人生活得十分甜蜜，景石磊虽然年轻但成熟稳重，无论是生活还是工作都没让谢倩操心过，而且景石磊时不时地还会给谢倩弄点小惊喜，两个人的生活很甜蜜。

结婚一年后，谢倩就怀孕了，因为谢倩属于高龄产妇，因此景石磊非常注意谢倩的营养和安全。

（二）

在谢倩怀孕期间，景石磊请岳母过来照顾她。到了晚上，景石磊就自己照顾妻子。怀孕后的谢倩嘴巴特别挑，景石磊就自己按照菜谱学着给她做菜吃。

刚开始的一个月，除了最简单的炒鸡蛋以外，景石磊什么菜也不会做，但经过一个月的“摧残”，景石磊可以自己做一桌菜了。除了做菜，每次妻子的产检他也从没落下过，他还和医生咨询该怎么照顾谢倩。

怀孕期间，景石磊想让谢倩辞职专心在家待产，这样产后也能照顾孩子。谢倩觉得如果自己辞职就和社会脱节了，而这样临时的辞职很有可能变成长久的“退休”。

十个月的辛苦怀胎，谢倩生下了一个女孩，她给女儿取名叫茉莉。谢倩是高龄生产，对身体伤害很大，她后来检查身体时发现自己患上了多囊卵巢综合征，往后怀孕的可能性变得很小，因此，景石磊原本想要生两个孩子的想法也就打消了。

父亲和女儿天生有着一种牵绊，景石磊一看到茉莉水汪汪的大眼睛，他的心就软的一塌糊涂。因此他对茉莉疼爱得简直没边了，景石磊恨不得把天底下最好的东西都给她，只要是茉莉开口想要的，景石磊无论如何都会送到她面前。相对于景石磊的宠溺，谢倩就冷静得多，她不想让自己的女儿变成一个弱不禁风的“小公主”。

茉莉刚开始学着用筷子吃饭的时候，总是夹不起菜，茉莉红着眼睛奶声奶气地让谢倩帮忙。谢倩只是在一旁看着，告诉她只能自己夹。如果茉莉此时以哭来威胁大人，谢倩会直接将她带到客厅的一个角落，让她在那里站着，直到不哭为止。

每当这个时候，景石磊都会心疼地想要安慰茉莉，却总被谢倩拉着不让管。景石磊认为谢倩对孩子太过严厉。但是谢倩认为孩子从小就要严格教育，因为自己是在“棍棒”底下长大的，所以她觉得对孩子严厉点绝不是坏事。尤其是对女孩，如果不严管女孩，她就会养成娇宠成性的一面，等到那时再后悔就来不及了。因此，从茉莉开始学东西的时候，谢倩就特别严格地纠正她的行为。

要是茉莉犯了错，小错就到墙角反省，大错往屁股上打一顿是少不了的。

在茉莉三岁的时候，谢倩突然又怀孕了。因为之前夫妻俩已不再对生二孩抱有期待，只觉得顺其自然就好，现在他们是既惊讶又惊喜。

谢倩的身体不太好，怀第二胎的时候胎像一直不稳，甚至前三个月还有轻微流产的迹象，吃药才勉强把孩子保住。紧接着就是强烈的妊娠反应，让谢倩整天都十分虚弱、恶心、头晕，一直“害喜”。

刚开始的几个月，谢倩还能坚持上班，后来慢慢没有体力，便和老板提前请了产假。等到预产期的那天，之前已经和医生确定了谢倩的身体情况，可以顺产。但谢倩住院后，孩子还是没有要出来的意思。医生说再过三天，如果还没有动静就要剖腹产。

这期间，谢倩有点见红，随之而来的腹痛也越来越严重。谢倩实在受不了，心里也开始有点慌了，便让医生赶紧剖腹产。

孩子出生后，谢倩和景石磊还没看，就被带到了一旁的儿童医院治疗，因为孩子在母胎里吸到了羊水和胎粪。

谢倩月子里不能随意走动，景石磊便家里和医院两头跑，经过了一个月的治疗和检查，宝宝才健康地回到家里。谢倩刚开始一看到宝宝，眼泪就掉了下来，这个孩子可以说是从死神手里抢回来的。

为了表示对孩子的珍惜，孩子的小名就叫宝宝，意味着他是宝贝，也意味着他很宝贵。因为宝宝来之不易，谢倩只要看见他就能想起怀孕时的艰难和他出生时的危险，因此对他很是珍爱。为了照顾宝宝，谢倩把工作辞了，专心在家带孩子。心有余悸的她无论做什么都要带着宝宝，不敢让他离开自己一步。

从对茉莉的严厉到对宝宝的宠爱，谢倩的转变，让景石磊难以接受。他觉得谢倩太惯着宝宝了，这样会让他变成“妈宝男”。而最重要的是，茉莉越来越懂事，她能明显地感觉到母亲对自己的严格和对弟弟的宠爱。这样的差别让她产生了极大的落差。

有一天晚上，景石磊哄茉莉睡觉的时候，茉莉还抓着景石磊的衣角，怯怯地问：“爸爸，妈妈是不是不喜欢我啊？”

景石磊惊讶地看着茉莉，问道：“怎么会呢？妈妈很爱你的，你怎么会这么问呢？”

茉莉委屈地说道：“妈妈从来不会表扬我，也从来不会亲我，妈妈只亲弟弟。”

景石磊摸了摸茉莉的头，说道：“傻孩子，妈妈非常非常喜欢你，因为弟弟比较小，所以妈妈会把更多精力放到弟弟的身上。你小的时候，妈妈也是这么照顾你的，现在有了弟弟，当然也要这么照顾他，不然弟弟多可怜，对吧？”

茉莉乖乖地点了点头。

等到茉莉睡着后，景石磊回到了卧室，看着躺在一旁小床上的宝宝，内心既满足又有点说不出的酸意。他把茉莉的话告诉了谢倩，谢倩听后也是一脸震惊，但仔细一想她自己似乎真的因为宝宝的出生而忽略了茉莉。

景石磊看着谢倩，说道："老婆，你可以对孩子严厉，但你不能只对一个孩子严厉。我知道你心疼宝宝是因为他出生时受的罪比较多，但茉莉也是孩子，你的差别对待会对她产生很大的影响。而且你以前说过，不想让茉莉长成什么都不懂的'小公主'，那你就想把宝宝养成什么都不懂的'小王子'吗？"

谢倩陷入了深思，最终点了点头，说自己会好好思考，改变态度。

（三）

为了孩子的成长，谢倩为茉莉和宝宝都制定了成长计划，从兴趣班的选择到学校的挑选，从每周的周末计划到长大后的出国规划。不过在景石磊看起来，这些都是一纸空文，孩子成长中的不确定因素太多，与其规划倒不如配合。景石磊更崇尚自由成长，尊重孩子的兴趣，锻炼他们的自主能力。夫妻俩各执一词，对对方的观点嗤之以鼻。但孩子毕竟是两个人的，不能由一个人做主，因此两个人只好商量着尽量保持步调的一致。

一天晚上，茉莉写作业写到最后一道大题的时候不会写了，自己想了半天也没有想出来该怎么做，便转头想让谢倩帮忙。谢倩看了看题，觉得茉莉应该能自己做出来，便稍微提示了几句，让茉莉自己做。茉莉看着题，在草稿纸上算了好多遍也没有算出结果，只好又让谢倩教她。一来二去，谢倩没了耐心，转过身去玩手机，而茉莉也没了耐心，不愿再写了。正巧这时，宝宝在客厅冲景石磊撒娇，想让他带自己出去买雪糕，茉莉一听，丢下没写完的作业就跑到客厅，和弟弟一起冲景石磊撒娇。

景石磊看着两个孩子期盼的目光，心软了下来，看看时间还早，就说："就这一次，下次不可以再这样了。"

两个孩子一听，连忙点头，一人一边，拽着景石磊的手让他快走。

这时，谢倩正好从房间走出来找茉莉，一看三个人都站在门口，就问了一句："你们去哪啊？"

景石磊说要出去买雪糕吃，谢倩一听就生气了："这么晚了吃什么雪糕？你就惯着孩子，都给他们惯坏了。茉莉你的作业做完了吗？拿来给我看看。"

茉莉一看妈妈生气了，连忙躲到景石磊的身后不敢说话，宝宝也被谢倩的怒气吓得躲在了景石磊的后面。

景石磊见状连忙安慰道："没事，现在才六点多，我正好带他们出去溜达一圈，消消食，茉莉的作业一会回来再给你看也来得及，我们逛逛就回来。"

谢倩没搭理景石磊，而是插着腰，瞪着茉莉道："茉莉，你的作业写完了吗？"

茉莉怯怯地摇了摇头，谢倩提高音量："没写完你还出去吃雪糕，回来写作业！"

茉莉抓着景石磊的衣服不敢动，小声说道：“爸爸同意我去吃雪糕了。”

谢倩这下更生气了，说：“我不让你吃你就不能吃！看你那作业都写成什么样子了，还好意思吃雪糕，回来写作业！”

话音刚落，茉莉就嚎啕大哭起来，一旁的宝宝看姐姐哭了也跟着哭了起来，一时间两个孩子都抱着景石磊的裤脚“哇哇”大哭。

景石磊连忙蹲下身子去安慰两个孩子，然后不满地说道：“不就是写个作业吗？回来写又能怎么啦？你那么大声都吓着孩子了。再说，吃雪糕怎么了？我答应带孩子吃雪糕就得带他们去。”说完，景石磊一手抱起一个孩子，走出了家门。

带着孩子出了门，景石磊先在楼下的凉亭里把两个孩子哄好了，然后找到一家甜品店，给他们买了雪糕。在店里，景石磊渐渐冷静下来。其实说到底，今天晚上本来是鸡毛蒜皮的小事，但是因为自己带着孩子出门反倒弄成了大事。

等孩子吃完雪糕，又带着他们在楼下的花园里转了几圈，快到九点了，景石磊才带着孩子回家。一进门，他就看见谢倩抱着胳膊坐在沙发上，两只眼睛红红的，听到开门声，她也没有回头，一直盯着电视。景石磊没有说话，他先帮宝宝洗了个澡，一出洗手间，就看见谢倩黑着脸，正在收拾茉莉要洗澡的东西。景石磊默默地带着宝宝回了房间。好不容易把宝宝哄睡着了，他回到房间，看见谢倩已经躺在床上，正背对着他。他想说点什么，却又不知道怎么开口，最终还是没有说话。

自那以后，夫妻俩就陷入了冷战状态，实在有什么需要和对方说的，就让茉莉在中间传话。

这样持续了一周多的时间，直到景石磊在网上无意间看到我写的一篇关于“家庭冷暴力对孩子的影响”的文章，两个人的关系才有了缓和。后来，两个人打听到我的联系方式，就和我联系，想要聊一聊。

我们约在第二天中午见面。两个人一进门，虽然脸上都没有什么异样，但一举一动能让人明显感觉到两个人关系的不对劲。谢倩和我说了之前发生的事情，以及她的教育方法，景石磊接着把自己的想法也告诉了我。

我听完后，看着两个人笑了笑，说道：“所以你们今天过来，是想让我给你们当法官吗？判定你们谁对谁错？”

两个人笑了笑没有说话，我接着说：“好吧，那我这回就当个法官，我判定，谢倩做的是对的……”

话音刚落，谢倩的脸上就露出了得意的表情，我连忙接着说道：“我还没说完呢，景石磊也是对的！”

不管是严格教育还是自由教育都有好有坏。

“聪明的家长总是跟在孩子的身边，糊涂的家长总是堵在孩子的前面。”如果父母过于严厉，就会让孩子形成一种“依赖”心理，觉得自己只要取悦父母就可以了。这样的孩子就像是“鸡蛋”一般，外表完整光洁，但只要遇到一点压力就会碎掉。离开了父母，他们就会失去目标和动力，丧失了自主的意识。

反过来，过于自由的教育也存在危机。

而谢倩和景石磊这次的问题，主要是年龄上的差距导致教育观念上的差异。

在父母同龄或近龄的家庭中，两个人的经历相似，差异相对较少，父母双方会互相影响。而在年龄差距较大的家庭里，这种互相的影响在一定程度上会在其中一方身上失去作用力。在景石磊和谢倩的家庭中，失去作用力的就是景石磊，他在教育孩子的方面就丧失了主动权。

景石磊的年龄小，不愿束缚孩子的天性，更愿意与他们打成一片，而年龄大的谢倩比较难做到。年龄的差距本就容易让夫妻产生矛盾，及时的沟通是最老套但最见效的方法。

两个人应该提前将孩子的教育问题商量好。在孩子的观念形成前，父母的一言一行都是孩子的榜样，如果夫妻本身就存在矛盾，这会让孩子无所适从。

当一个人在教育孩子时，另一个人拆台，会给孩子一种“父母没有威信”的信号，孩子会对父母失望，从而不相信父母。谢倩在景石磊同意孩子吃雪糕后，说“我不让你吃你就不能吃”，这实际上是在孩子面前贬低父亲的威严。无论夫妻间的矛盾多么难以调和，也不能让孩子有“妈妈都随便骂爸爸，我也可以这样做”的观念。

要解决教育问题，调整夫妻间因为年龄差距带来的问题是一切的前提。

在恋爱中，两个人会因为爱情而忽略年龄差异带来的问题，但到了婚姻中，各种问题就变得明显起来。年龄稍大的一方需要体谅年龄小的一方，而年龄小的一方要跟上年龄大的一方。只有双方共同努力，协调步伐，才能让家庭变得稳定和谐。两个人在家庭中的定位一定要确定，在一段长久的婚姻中，没有所谓的绝对主导的存在，双方尊重才是最好的。在教育孩子的问题上，可以有分歧，但不能因此而冷战。分歧可以调节，冷战会对家长、孩子造成巨大的压力。年龄的差距是客观事实，最好的婚姻模式就是忘掉年龄，以平常心看待婚姻、教育和家庭。

自此以后，我再也没见过景石磊和谢倩了，但是通过景石磊在朋友圈晒出的一家人其乐融融的照片，也能看出这个家庭的改变。

原来最恐怖的不是“别人家的孩子”，而是自家兄弟或姐妹。在“二孩”家庭中，当一个孩子无比优秀时，另一个孩子该如何消除这种心理上的落差和阴影呢?

9. 李力 |

原来最恐怖的不是“别人家的孩子”

（一）

森林里正在举办一场爬树比赛，燕子、猴子、长颈鹿和鳄鱼都参加了比赛，裁判说谁先到达树顶谁就是冠军。

最后的结果是什么呢？有人说当然是猴子赢了，猴子可是爬树的能手。也有人说赢的肯定是燕子，它拍拍翅膀就能上去了。而长颈鹿和鳄鱼似乎注定绝对赢不了，它们既不会爬树，更不会飞，看起来根本没有赢得可能。

这个看起来是凭实力竞争的，公平、公正、公开的比赛，其实并不公平。

这里的不公平不是简单的客观差异，而是一种本质上的不公平，那就是“做得到与不可能做到”。

有人会习惯性地将“做得到与否”和实力挂钩，这是不正确的。实力需要在那些你能够做到的范围内操作，而那些你根本就做不到的，不能称为实力范围。

如果我们将比赛的条件改成在原地不动的情况下，凭借自己身体的任意部位触碰树，谁碰到树的位置越高谁就获胜，这样，长颈鹿又成了独一无二的获胜者。到最后我们发现，这场陆地上的比赛，可怜的鳄鱼似乎永远是垫底的那个。

这个故事实际上是拿一个标准去衡量所有的动物，难道鳄鱼没有实力吗？当然不是。如果将这些动物放到水里比赛，那么鳄鱼绝对是当仁不让的胜利者。

我们习惯将自己的孩子和别的孩子比，于是就诞生了一种“可怕”的生物——别人家的孩子。

当我们渐渐懂得要关注自己孩子的优点，不要随便攀比时，却忽视了自家孩子间的比较，而且这样的比较对孩子的伤害更大。

李力是一个全职的家庭主妇，生了两个孩子，大儿子十岁，叫亮亮，小儿子八岁，叫星星。

李力的朋友圈里都是孩子的照片，一般是亮亮得了奖状，参加了什么表演，或者是帮忙做了什么事。可关于星星的内容不是他捣乱就是又被老师批评了，文章后面配的表情不是愤怒就是哭笑不得。

李力的文笔不错，每条朋友圈状态都写得新颖幽默，两个孩子的形象也是极为生动。在我看来，大儿子亮亮听话懂事，是个贴心的小“暖男”；小儿子星星调皮活泼，是个十足的小“魔王”。

一天晚上，李力给我发了个短信，她问我：“老师，都说不要随便打骂孩子，那究竟要怎么管啊？八岁的孩子是不是也处在叛逆期？”我回想起以前看过的她的朋友圈，估计星星又做错事情惹李力生气了，不过这次的问题有点大，我立刻给她回了个短信，希望能跟她语音说。

语音请求很快就发了过来，接通后，我先听到一阵嘈杂的摔东西的声音，紧接着传来了李力愤怒的声音：“星星我告诉你，这次你再哭再闹都不管用，你再这样我就把你丢出去。你看哥哥多听话啊，这么好的榜样在身边，你怎么一点都不知道学学呢！”

紧接着又传来一阵摔打东西的声音，然后就是“嘭”的关门声。“亮亮，你别去搭理你弟弟，让他好好反省反省，一天不管他就不老实。”

正当我纠结该如何开口的时候，李力先说话了：“老师，不好意思啊，让你久等了。星星太调皮了，每天都因为他生气，我觉得自己快崩溃了。两个儿子都是我生的，只差两岁，怎么性格差这么多啊！”

原来，下午李力接到星星班主任的电话，让她快赶去医院。星星和别的同学打架，把同学打伤了。李力连忙赶到医院，趁孩子做检查时，询问了老师事情的经过。

两个人不知道因为什么吵了起来，星星用力把同学推倒了，又扑上去打，推搡间同学撞到了墙壁上刻的浮雕，一个尖头划伤了他的额头。

同学的母亲很激动，指着李力大叫道："你会不会带孩子，怎么能让自己的孩子随便打人呢？我告诉你，如果我的孩子以后脸上留疤了，我不会放过你们的。"

李力在一旁不停地道歉。她出钱又出力，拿药、排队，跑上跑下。好在对方父母见孩子没有很大问题，而李力又这么诚心道歉，只让她出了个医药费就带着孩子走了。

等折腾一通下来，已经晚上六点多了。

李力筋疲力尽地跟着老师回到学校，一进教师办公室，就看到星星歪在班主任的凳子上睡着了，李力的火气一下被点燃了，将星星晃醒后伸手就要打。

班主任在一旁连忙拽住了她，李力气愤地指着星星吼道："你还好意思睡！你都是跟谁学的，还学会打架了，你怎么这么厉害呢……"

星星坐在沙发上，脸上什么表情也没有，就是低着头不说话。

班主任说道："星星家长，你先不要这么激动，我们先问清楚他们到底为什么打架……"

李力说："老师，还有什么好问的，肯定是因为鸡毛蒜皮的小事，真是对不起，因为我们管教不严，给你带来了这么多麻烦，真是不好意思。"

班主任看这情况，估计也问不出什么，便让李力把孩子带了回去。

（二）

“那星星究竟是为什么和同学打架？”我问道。

李力一愣，摆了摆手说道：“我也不知道，忘问了，不过估计也就是因为一些小事。”

我惊讶地问她：“你连前因后果都不知道就把孩子骂了一顿？你怎么知道就一定是星星做错了呢？”

李力无言。

“你的性子太急了，你至少应该问问星星究竟是为什么打架啊！”

李力想了想，表示会和星星好好聊一聊的，但是没过多久她就发来了一条语音：“老师，这孩子我算是管不了了，我说什么他都不听。”

我想了想，便提议想和星星见面聊一聊。

第二天是周六，一大早我提着玩具到了李力家。

进屋后，家里只有李力和星星，亮亮去参加奥数班了。我借着参观屋子的机会，发现星星喜欢哈利波特。

我高兴地拉着他问道：“你也喜欢哈利波特啊，阿姨也很喜欢，你是看的电影吗？”

星星不太愿意理我，但还是礼貌地点了点头：“我也看过书，但是没看完，因为有些字看不太懂。”

我十分惊讶，一个八岁的孩子竟然就能看图书《哈利波特》：“那你遇到自己不会的字怎么办？”

星星害羞地低着头，说：“我查字典就会了。”

听到这儿，我更惊讶了，我发现星星不像李力认为的那样不懂事。相处一会，星星不再排斥我了，反而特别喜欢拉着我说话。

我陪星星在一旁玩桌游，玩到一半，我看时机差不多了，便提起昨天的事情：“星星，我听你妈妈说你昨天和同学打架了，是怎么回事呢？”

星星没有说话，低着头盯着手里的卡片。

“怎么了？不能和我说吗？那我猜猜看，是他欺负你了吗？还是他拿你东西了？”

星星摇着头说道：“没有，没有，都没有。”

我继续问：“那是为什么呢？”

星星沉默了一会没说话，最后还是开口了，他和同学打架是因为对方说：“你居然是亮亮的弟弟？不像啊！你哥哥成绩好，体育也好，你怎么什么都不会啊！”

这个理由在我的意料之外，却又在情理之中。

我问星星："你讨厌哥哥吗？"星星支支吾吾地解释道："我不讨厌哥哥，哥哥特别好，会带我出去玩，还会把好吃的留给我吃。但是我也挺讨厌哥哥，所有人都喜欢哥哥，没有人喜欢我，哥哥成绩好，有好多的奖状，我一个也没有。家里有客人，他们最先问的是哥哥；在学校里，老师也总是说'你是亮亮的弟弟，亮亮特别聪明，你的成绩怎么就这么差'，每次都告诉我要向哥哥学习，我也努力学了，但是我真的听不懂。妈妈送哥哥去参加奥数班，我也想去的，可是我一点都不懂，数学太难了。"

我摸摸星星的头，安慰道："没关系，你的语文很好啊！"

星星撇了撇嘴，说："可是妈妈看的是数学，她说语文是个中国人就会，没有什么好不好，不好才奇怪。"

星星拉着我的手，说："阿姨，我们这次考试我的数学还是不及格，然后我的同学就说我比哥哥差，我其实不想打他的，但是我也很生气啊，我也很想成绩很好的。"

看着星星这个样子，我忽然发现他不是一个"坏孩子"，他只是一个被"坏母亲"误解了的孩子。星星告诉我，他觉得自己特别"坏"，他有想过让哥哥消失，这样大家就能看见自己了。

他说自己一点也不喜欢数学，但是哥哥的数学很好，所以妈妈很喜欢哥哥，他也努力去学，可他还是不会。因为哥哥数学好，妈妈给他报了奥数班；哥哥喜欢跆拳道，妈妈就给他报了跆拳道班。可是自己喜欢钢琴，妈妈却说："学什么钢琴，你这数学成绩差成这样，还不赶紧补习，你把数学成绩搞上去了，什么都好说。"于是，星星的周末都是在数学补习班里度过的。他甚至在想，自己可能不是妈妈亲生的，要不然为什么妈妈对哥哥那么好，对自己一点都不好呢？

当我将星星的话复述给李力后，李力红了眼眶，她根本不知道自己让星星受了这么大的委屈。

德国哲学家莱布尼茨曾说过——世界上没有两片完全相同的叶子。孩子也是如此。即使两个孩子是相同父母所生，在一样的环境中长大，他们仍然有属于自己的个性和天分。

在每个二孩家庭中，父母最担心的问题就是"怎样才能对两个孩子保持公平"。

大多数的父母认为，只要在物质上保证不偏不倚，这就是公平。于是，每个玩具都买两个，我们怕孩子会觉得自己偏心，但其实哪怕有两百个相同玩具，孩子们争抢的仍然只是那一个。我们自顾自地实行着我们以为的公平，却忽略了真正的公平——思想上公平。

"爱比较"，这是所有人都会有的心理，当父母的很容易将自己的孩子跟别人的孩子进行比较，比衣服、比身高、比说话时间的早晚、比是否听话……尤其是当一个家庭里有两个孩子，这种比较就变得更为显著。

"哥哥这次考试又考了 100，弟弟才 80。""弟弟这么小就会说这么多话了，哥哥这么大的时候还不会呢"，这些听起来稀疏平常的对话，其实对两个孩子而言，就是不公平的比较。这样的比较会让孩子有一种父母要抛弃自己的危机感。它会促使孩子不停地向父母所要求的或者是兄弟姐妹的行为靠近，当这种差距被放大以后，孩子的心理就会发生扭曲，会变得害羞、自卑、害怕失败。这种恐惧感会阻碍孩子的成长，让孩子产生逃避心理，认为只要自己不做就不会失败，不会被家长批评，长此以往，孩子的心理就会达到崩溃的边缘。

(三)

有调查显示，当兄弟姐妹之间的能力相差甚远时，例如其中一人是运动健将，而另一个人则能力平平，他们的关系往往不太好。

我相信，让孩子健康快乐地长大是每个家长最大的希望，但是家长无意识的比较会破坏孩子的健康和快乐。每个孩子都是上天的礼物，虽然能力不同，天分不同，但他们同样优秀。父母们需要做的是激发他们的优秀，而不是打压他的优秀。李力曾跟我说：“哥哥很聪明，我想让弟弟跟哥哥一样优秀，希望弟弟能以哥哥为榜样。”可是榜样并不是别人强加的。

好的榜样可以让孩子不断进步，但一个好的榜样不一定能起到好的作用，这要看另一个人是不是真的想向榜样靠齐。这就好比一个游泳运动员以一个建筑师为榜样，这种不对应的榜样只会起反作用。榜样应该是发自内心的崇拜和向往，而不是强加的枷锁。

其实，二孩父母给孩子最大的公平就是“不比较”。无论哪个孩子，在拥有让你咬牙切齿的缺点的同时，也一定拥有能让你骄傲和自豪的优点。如果只是以某一个要求来评价孩子的好坏，这只会“掐死”一棵本可以长成参天大树的幼苗。亮亮成绩很好，也很听话懂事，难道他就没有缺点吗？当然不是，亮亮的缺点就是不爱吃饭，十岁的孩子还需要人连哄带劝才肯吃饭。星星的成绩虽然没亮亮好，也很调皮捣蛋，难道他就没有优点吗？自然也不可能，星星的语文成绩极好，每次作文都被老师当作范文朗读。另外，星星从小就有很好的乐感，一首新曲子他只要听个一两遍就能记得很清楚，甚至还能把它弹出来。每个孩子都是独立的个体，他们需要的是属于自己的成长，家长要做的就是在需要的时候拉一把。在知道了星星的想法后，李力向星星道了歉，也表示自己不会再拿他和哥哥比较，会更加重视他的想法。

当我再次在一个商场里见到李力和星星的时候，李力正带着两个孩子挑泳裤和泳镜。我能明显感觉到母子之间的和谐，和星星难以掩饰的喜悦。

李力说，现在每个周末星星补习完数学后，都会再去上钢琴课。这是星星用自己男子汉的承诺换来的，他保证在学钢琴的同时也提高数学成绩。星星确实是个说到做到的男子汉，最近的一次数学小考他就得了 70 分，比上次考试提高了 10 多分。

现在，当我再问星星喜不喜欢数学时，星星十分高兴地说：“喜欢，因为数学学好了，我就可以弹钢琴了。”虽然星星现在还是会惹李力生气，但她再也没有说出“你怎么又……看你哥哥多好”这样的话了。

李力跟我说：“老师，我现在发现星星有好多优点。有时仔细一看，我还发现星星有的优点，亮亮好像一点都没有呢。”

每个孩子都是不同的，需要家长“因材施教”，而不是“一视同仁”。尤其是在很多时候，父母的本意是恨铁不成钢，但说出口后就成了贬低和损毁。

深圳就曾发生过一件姐姐伤害妹妹的事。因为姐姐成绩不好，母亲经常拿妹妹的成绩来批评姐姐。一天晚上，姐姐被母亲训斥后，一气之下将刚烧好的开水全部倒在了一旁熟睡的妹妹身上，导致她全身的烧伤面积达到 80%，将要顶着伤疤度过余生。这个惨剧的发生，就是因为父母强加在孩子身上的比较，使孩子的心理发生了极大的扭曲。

我们难以将错误全部归结在姐姐的身上，如果不是因为家长不正确的引导，她又怎么会这么极端呢？很多家长都告诉自己要公平地对待每个孩子，但人终究拥有自己的情感，不可能做到完全的公平，我们只能努力做到相对公平。

对家长而言，什么“大的要让着小的”“小的要向大的学习”等观念要趁早打消。这样的想法只会让弱势的一方形成一味隐忍退避的性格，甚至会觉得父母不爱自己，也会让强势的那一方养成刁蛮强硬的性格。

物质上的双份是公平的体现，那么在孩子犯了错后家长懂得批评要对事不对人，就是心理上公平的表现。一个成功的家长，在孩子做错后应该直接指出错误，并告诉他应该如何改正，而不是“拐弯抹角”地挖苦，说一些如“你怎么这么笨，你看你的兄弟／姐妹做得多好”这样的话。每个孩子都有自尊心，学会单独地批评孩子，也能起到更好的教育作用。

两个孩子之间并不是“既生瑜，何生亮”的对立关系，而是共同进步、共同成长的“战友”。没有天生的坏孩子，只有教错的好孩子。找到适合孩子的教育方法，每个孩子都会成为闪闪发亮的金子，孩子的未来不是成为别人，而是成为自己。

婴儿期和青春期，恐怕是孩子成长过程中最麻烦的两个阶段，“二孩”家庭很可能会遭遇这两种情况的对撞。此时，恭喜你，考验升级，你需要更多的智慧去解决这一难题。

10. 刘千一 |

一个青春期少年与一个婴儿的 PK

（一）

在决定要二孩的家庭中，有一类家庭在决定要二孩的时候，大的孩子年纪已经不小，可能已经处于人生中最敏感的阶段，也就是十几岁的青春期。

青春期的孩子，想问题总是容易陷入一种误区，由于体内激素的变化他们经常做出惊人之举。这些举动在许多成年人看来是无法理解的，正因如此，父母们常常在孩子进入青春期后如临大敌，倘若处理问题不当，很可能在父母与子女间形成无法弥补的裂痕。

青春期的孩子，内心正在觉醒，正努力地让自己成熟起来。这个时候，你需要把他们当作一个成年人，平等地去体会他们的内心世界。

刘千一在生第二个孩子时，她的第一个孩子大飞就刚好处于青春期。小宝宝还在妈妈的肚子里时，大飞就已经把那个小宝宝当作了自己的假想敌。

刘千一在一家国企做会计，丈夫是这家国企的技术员。两个人都是温吞的性格，在一次单位聚会中意外发现两人喜欢的东西出奇一致，很快走到了一起。情投意合之下，他们在第二年的中秋结了婚，很快有了大飞这个可爱的宝贝。

那时候，刘千一经常对丈夫说，如果有机会，她还想要第二个宝宝。

“为什么呢？一个大飞不是已经很圆满了吗？”

“这不是圆满不圆满的问题。我喜欢小孩子，两个孩子互相陪伴，互相玩耍，共同长大，这样的画面才是最美好的。”

刘千一这样说着，看着窗外在院子里独自玩着泥巴的不到两岁的大飞，莫名失落。

“如果当初生的是双胞胎该有多好。”她不禁感叹。

丈夫拍了拍她的肩。

“别想那么多了，既然只有这一个，咱们两个就多陪陪他，弥补没有兄弟姐妹的遗憾。”

于是，在大飞的成长过程中，陪伴他的一直是自己的爸爸和妈妈。他所知道的家庭结构，就是一对父母和一个子女的结构。他的同学也是独生子女居多，每一个孩子都是独享父母的爱的天之骄子，他们拥有家里的一切资源，从来不担心父母会将他们的爱给予其他人。在大飞的心里，自己是独一无二的，他的一切行为表现都决定着父母的悲与喜。

大部分父母那一代人除了工作，就只剩下生活，而在生活里，他们除了彼此，剩下的只有孩子。于是，大飞的心中便形成了一种看法，那就是父母除了他，几乎一无所有。

（二）

在大飞初二的那一年，有一天，大飞放学回到家，看到父亲和母亲的面孔有些严肃。通常当父母出现这样的神情时，就说明有事情发生了。

大飞放下书包，洗过手后来到餐桌旁，眨了眨眼睛，问：“怎么了？”

父亲清了清嗓子，说：“大飞，你今年十四岁了吧？”

“对啊，怎么啦？”大飞笑嘻嘻地说。

父亲没有如往常一样跟他开玩笑。

“十四岁放在古代已经是能从军打仗的年纪了，所以家里有些事情需要跟你说一下。”父亲顿了顿，接着说，“你要多一个弟弟或者妹妹了。”

“啊？”

“你知道国家现在已经开放二胎了吗？”

大飞瞬间明白了。

他当然知道国家有开放二胎的政策了，他只是没想到这种事情会发生在自己的家里。

大飞理了理思绪，他夹起一块西兰花嚼了嚼，今天这菜炒得很香，放了大飞最喜欢的那种香油。

“妈今年快四十了吧。”大飞说。

“你妈今年三十九。”

“那是很标准的高龄产妇了啊。”

“这个问题不需要你操心。”父亲说，“你只用做好要当哥哥的心理准备。”

“嗯。”大飞点了点头。

大飞也看过一些关于父母要生二胎，老大以死相逼，或者离家出走之类的新闻。当初看到这些新闻时，大飞就觉得自己无法理解那些老大们，人生是自己的，因为父母生二胎，寻死觅活，成何体统？

不过之所以会这么想，大概是因为大飞心里一直希望自己能有个弟弟或妹妹。他从小就是孤孤单单地长大，一直希望身边能有一个陪他一起玩的伙伴。学校里虽然也有朋友，但不可能一直陪着他。可是随着大飞慢慢地长大，他已经习惯了家里只有一个孩子的生活，想要一个玩伴的想法已经淡去了。

谁能想到，在他十四岁这一年，忽然会出现一个弟弟或妹妹呢?

虽然大飞心里有些别扭，但他觉得自己并没有立场拒绝，所以除了“嗯”一声外，他也不知道该做出什么反应了。大飞觉得，他应该调整心态来适应家里的变化，他不想和新闻里的那些孩子一样不懂事。他告诉自己，要做一个有包容心的可靠的大哥哥。

可许多事情，不论你想的多好，在执行时，总会变得有些不一样。

以前每次大飞从学校放学回来，父母都会第一时间关心他在学校里的表现，他一直是有些烦的，所以都是随便应付几句了事。因此，他已经有了被父母唠叨、他来应付的习惯。

然而有一天，当大飞回到家后，他并没有等来日行盘问。他只看到餐桌上有已经凉掉的菜，和沙发上正在听胎心的爸爸和妈妈。

大飞心里有些不舒服，他克制住自己的不开心，问道:“你们干什么呢？”

“在听你弟弟或者妹妹的胎心呢。”父亲高兴地说，“来，你也来听听！”

大飞撇了撇嘴，说：“没兴趣。”

他坐到餐桌前，看着残羹冷炙说："你们吃过了？"

"你妈妈现在容易饿，所以先吃了，你吃剩下的吧。"

"哦。"

大飞拿起筷子，夹了一口，放在嘴里。

凉的。

他还记得，父母时常告诉他，凉的饭菜不能吃，会吃坏肚子。

然而此刻，似乎已经没有人在意大飞是否会吃坏肚子了。

（三）

在大飞即将升入初三的前夕，他的妹妹终于降生了。

在那之前，大飞对小孩子没有什么概念。所以，当他第一眼看到妹妹时，吓了一跳。

怎么会有这么丑的生物呢？身躯跟脱了毛的小老鼠一样，脸跟猴子一样皱，最要命的是，她的哭声居然那么刺耳。

一想到自己以后要跟这么个小东西共同生活，大飞感到自己的头都快要变成两个大了。

“大飞，来抱抱妹妹吧！”

妈妈微笑着对大飞说。

大飞却本能地后退了一步。

“以后她是你的妹妹了，你要记得对她好啊。”妈妈又说。

大飞只是胡乱地点了点头，他根本不知道该怎样对这个小东西好。

此时此刻，他忽然有种要逃离父母身边的冲动，他心中有种说不出的憋闷，可他不想做一个不懂事的孩子，不知道该如何才能把这口闷气发泄出来。

原本温馨温暖的家发生了变化，这个新来的小东西刚一到家，就把家里搅得天翻地覆。大飞发现，家里不再整洁了，因为妈妈根本没有时间来打扫房间。原本安静的家也变得吵闹了，每隔几分钟他的耳朵就要受到那个小东西喊叫声的摧残。甚至到了夜里，即使大飞已经进入梦乡，也时常会被那尖锐的叫喊声吵醒。他非常惊讶，那么厚的墙，竟然挡不住那穿耳的魔音。

原本关心他学习和生活的父母，每天只是围着这个小东西转，每一次只要她开始喊叫，父母立刻去安慰，至于大飞，仿佛是一个局外人。

那天大飞放学后，因为心情不好跟路上一个小混混打了起来，两个人都受了伤，当他回家后，希望能在家里得到些许安慰。他希望父母或许可以看到他脸上的伤。他尽量做出开心的样子跟父母打招呼，可父母根本没有心思看他，爸爸躺在沙发上，累得没力气管他，而妈妈正抱着小妹妹，在哄她玩婴儿玩具。那一刻，大飞看到了一个温馨的家庭应该有的模样。一个爸爸，一个妈妈，和一个小婴儿，而他，只是一个意外看到这一切的陌生人罢了。

都说青春期的小孩子容易出现心理问题，大飞始终觉得自己的心理很健康，他是最阳光的那种少年。但这些日子以来，大飞觉得自己或许没有那样阳光。他不知道该如何调整自己的心态，他能冷静地直视自己内心的阴影，却不知道如何冷静地处理它。他甚至觉得快精神分裂了，想要爆发，理智又在控制着自己。

来找我的那天，他戴了个黑色的口罩，直到谈话结束了也没有摘下来。可能他是觉得不好意思，但我感觉到了这个孩子的勇敢，至少他没有逃避，而是直接面对。他告诉我，他慢慢喜欢读诗，读雪莱、北岛的诗，这些诗歌中寂寞的情绪时常令他产生共鸣。或许每个人的青春都是如此吧，期间总要经历孤独，总要经历叛逆。

（四）

刘千一是在国家放开二胎政策后的第二天做出的决定。那天，她在大飞离家去学校后，对丈夫说：“咱们要个老二吧。”

当时丈夫的反应与后来大飞的反应是一样的。

“你现在生孩子可是高龄产妇啊！”

“我不担心这个，我身体一直很健康，你知道的，我一直都想再要一个孩子。”

“那时候你说的是想要一个孩子陪大飞一起成长，可大飞现在已经十四岁了。”

刘千一抿了抿嘴。

“看来我错了。”她说，“我大概只是想看到两个孩子在一起的画面。”

“等老二上小学时，大飞就已经不是孩子了。”

“对我来说，他永远都是小孩子，而且，我真的很爱小孩子。”

如刘千一所说，她想要生二胎是为了她自己。但当她以高龄产妇的身份去迎接二胎的时候，并没有将未来的每一个细节都设想到，她相信一切都会在自然而然间达到一个新的平衡。

当第二个宝贝降临后，她开始全心全意去养育这个新生命。当年养育大飞的时候，她没有足够的经验，心思还不够成熟，不懂婴儿在前期拥有父母的陪伴有多重要。等她懂了以后，大飞早已不在婴儿期了，她无法弥补。如今，她已经掌握了足够的知识和经验，这一次，她力求在任何方面都能做到合格。每天，她都会陪小宝宝讲话、玩耍，当小宝宝不开心了，她会一直安慰宝宝。可是人的精力是有限的，顾了这边就顾不上那边。在她尚未意识到的时候，正处于青春期的大飞已经在心态上出现了问题。

（五）

矛盾的升级是在一个周末的下午。大飞上午去了附近的体育场打球，中午一回到家，他就躺在床上打算睡一个好觉。谁知睡了不到两分钟，他就被一阵尖利的哭喊声吵醒，吵得他头痛欲裂。他心烦意乱地翻了个身，想继续睡，但那个声音完全停不下来。

他来到婴儿房，看到妈妈正焦急地抱着妹妹安慰，看样子应该是她不小心磕碰到什么地方了。尽管妈妈已经尽量在安抚，但妹妹仍然哭个不停。

“烦死了！”

大飞忍不住喊出了声。

妈妈立即瞪了大飞一眼，说：“你怎么这么说话，回你房间去反省！”

大飞完全不想反省，他觉得自己没有做错什么，一切都是这个小婴儿的错，是她莫名其妙来到这个家，侵占了他的空间，打扰了他原本安宁的生活。他完全想不通父母为什么要将这个小婴儿带来这个世界，她带来的只有无尽的吵闹，搅得全家都不得安宁。

大飞没有告诉父母，这次月考他的成绩下滑了十几名，而他的父母目前也无暇询问他的成绩。这一次，他倒希望父母可以问一问，这样他就可以理直气壮地告诉父母，他成绩下滑全是因为妹妹搅得他无法正常学习，更无法获得正常的休息。

他再也不想忍耐了，也不想为了所谓的和谐委屈自己。他回到自己的房间，打开房门，将最近正在听的摇滚乐用最大的音量播放出来。

霎时间，整个房子内充满了惊心动魄的嘶喊声。大飞感到了前所未有的痛快。

半分钟后，妈妈闯进了大飞的房间，愤怒地拔掉了音响电源。

“你在干什么？！”妈妈怒不可遏地问。

“听歌。”

“你这是在听歌吗？你根本是在吓唬人，你已经把你妹妹吓坏了！”

“关我什么事！是你们非得要她！凭什么牺牲我！”

从小到大，这是第一次，刘千一气到想要揍大飞一顿。

大飞这个孩子，说起来其实很可爱，大部分时候，他都是父母贴心的陪伴，即使他有了自己的想法，也会在不伤害父母的前提下去表达。这样一个孩子，此时，却向母亲展露了自己最狰狞的一面。

刘千一愤怒地冲到大飞的面前，举起了巴掌，迎接她的是大飞倔强的、悲愤的脸。

电光火石间，刘千一的理智忽然占据了上风。她忽然意识到，自己正在做一件极为愚蠢的事情。

这并不是她想要的。如果生了两个孩子的后果就是造就了一对敌人，那么这完全违背了她的初衷。

刘千一并不知晓自己究竟想要一种怎样的人生，尽管她执着地希望能拥有两个孩子，可她并不能具体勾勒出拥有两个孩子的生活是怎样的画面，她更喜欢活在当下，更喜欢先做再想。于是她直接做了，将一个小婴儿带来了这个家庭，却没想过该如何去调整家庭的氛围。她只是走一步看一步，等待着其他人自我调节，等待着大飞毫不费力地接受这个全新的家庭结构。

然而大飞只是一个孩子，并且还是一个正处于人生里最敏感阶段的孩子。刘千一早已忘记自己的青春期是种什么样的状态，但她听说青春期的孩子更关注自己的内心，如果在这个时期遇到了什么打击，大概这一生都很难走出来。

刘千一放下了她的巴掌。

当心软下来，她才意识到，大飞还是当初那个能轻易融化她的可爱宝贝，只不过她已经太久没有关注过这个孩子了。其实，在父母与子女之间，许多事情都是相互的。父母养育与关爱孩子，孩子给予父母信任和柔情，亲情的意义在于陪伴，在于长久的、绵绵不绝的深情。

刘千一默默地从大飞的房间里走了出来。

（六）

那天下午，大飞始终将自己锁在卧室里，到了晚上吃饭的时间，刘千一去敲他的房门，他也没有给出任何回应。

半分钟后，刘千一直接打开了房门，看到大飞正躺在床上打电子游戏。她抱着小妹妹走了进来。

“你爸爸要晚一点才能回家，我要出门买菜，你帮我照顾一下妹妹吧。别让她玩电子游戏，她的眼睛还很脆弱。”

说完她就把孩子放在大飞的身旁，自己则头也没回地走了。

大飞还在生她的气，当他反应过来后，却只听到大门关上的声音。大飞还没跟这个小婴儿单独相处过，他瞬间慌了神，不知该如何是好。而这个小婴儿，已经开始在他的床上爬来爬去了。

她很快就爬到了床边。

“不能往那边爬！”

大飞连忙起身把她抱了回来，神奇的是，他从来没抱过妹妹，却抱得十分自然。可抱回来之后，妹妹还是继续要往床边爬，大飞只好让她坐在自己的身上，跟她玩做操的游戏。这真的非常奇妙，他从来没有照顾过婴儿，他们俩玩了一阵子，妹妹被他逗得不停地笑。大飞才发现，妹妹早已经不是那皱皱的模样了，她的脸圆圆的、肉乎乎的，而她笑起来的时候，声音是那样地甜美。

大飞从抽屉里拿出了他的模型玩具跟妹妹一起玩。妹妹看起来很喜欢这个玩具，她左摸摸，右碰碰，有时候拿起来要用力打，但大飞一制止她，她就会听话地停下来。

大飞开始耐心地教她怎么玩，他知道妹妹还不到一岁，根本不可能听得懂，他就想跟她聊聊天。他忽然觉得自己说不定能跟这个小婴儿成为朋友。虽然父母一直都在告诉他，他做哥哥了，要有做哥哥的样子。但哥哥一词对他而言一直没有多少真实感，直到此时，他才真的有了一种做哥哥的感觉。同样是照顾婴儿，父母是一种心情，哥哥是另外一种心情，那种不用承担太多的责任，但又将对方当作珍宝的情绪，只有在这样一点一滴的相处中，才能慢慢地感受到。

他认真地给妹妹摆弄着模型，忽然间，妹妹高兴地在他的脸上亲了一口。那一刻，他终于明白为什么人类如此喜欢婴儿。

过了一阵子，妈妈回来了，当她打算抱走妹妹时，大飞却阻止了她。

“她还想跟我再玩一会儿呢。”

刘千一总算是放下了心了。

“那你们玩吧，我去做饭。”

再和大飞见面时，他穿着校服，但没有戴口罩，一见到我就冲我笑了出来，说：“老师，我已经不失落了，我现在特别喜欢我的妹妹。我爸妈老和我抢着抱她，不过妹妹还是更喜欢我！”

我们时常指责青春期的人太过叛逆，那或许只是因为我们仍在用看待孩子的目光看待他们。但当我们用对待成年人的目光去看待他们，用成年人的心态去理解他们，就会发现他们仍然是那样可爱。

在要二孩这件事上，大多数家长对大孩的态度往往是不容置喙的。可作为有独立人格的人，不可能永远只是接受，他们总会有自己的思想和观点，当孩子的独立人格开始觉醒，简单粗暴地让他们接受一切家庭变化，这是对孩子的不尊重。尽管做最终决定的人仍然是父母，但对那个正在向成年人过渡的孩子，我们也应该平等地交谈，至少要让他明白，自己是被重视的。

点一盏灯，捧一卷书，守着似水流年，吴菲菲愿意就这样平淡地过一生。当很多看似不可错过的人生机会到来时，只要是不能和丈夫、孩子团聚在一起，她都选择了放弃。

11. 吴菲菲 |

平淡生活里的温暖守望

（一）

有一个经常被探讨的问题，那就是我们是否有权去判定他人的人生。

事实上，许多人在不知不觉中已经习惯去判定他人。比如闲聊时，你可能会听到，那样的人生是不好的，或者那个人的选择是错误的。有时候，还会发生两种不同的人生哪种更好的讨论。而关于职场女性与家庭主妇这两种人生孰好孰坏的争执一直很激烈。有人认为女性若是不回归家庭便是对社会的辜负，也有人认为回归家庭的女性便是放弃了女性在社会中的地位。

支持职场女性的人认为家庭主妇不够独立，支持家庭主妇的人认为职业女性丧失了女性的天性。然而，我们真的有权去指责那些做出不同选择的人么？当一个女人为了家庭付出自己的全部时，我们真的要指责她的不明智，而不是敬佩她的伟大么？

在我所有的同学里，吴菲菲算是结婚早的。

大四那年，别的同学在张罗找工作，吴菲菲却在张罗结婚。与许多校园故事相同，吴菲菲是在校园里认识了她的老公。那时候她读大三，在实验课上遇到了当时正在做助教的未来老公，于是一切顺理成章。

吴菲菲不是那种对未来充满野心的人，她唯一的追求，就是能拥有一个温馨的家庭。她的父母从小对女儿唯一的要求，就是要她平安快乐，对她的成绩没有任何要求。

相处一年之后，吴菲菲认定对方是自己的真命天子，在毕业前夕，她希望能与对方成婚。那时候，还是吴菲菲男朋友的张史正在大学里做助教，如果一切顺利，过两年就能留校成为正式教师了。吴菲菲觉得两个人在这时候结婚，时机已经成熟了。

于是，结婚的事情就这么三言两语地敲定下来，接着便是选日子、挑酒店、设计婚礼。

(二)

刚刚步入婚姻的殿堂，吴菲菲和张史就开始积极备孕。

一般一对年轻夫妻会在婚后第三年开始考虑备孕的事情。一方面，新婚时两个人尚处于磨合期，家庭的稳定还是未知数；另一方面，刚刚成立起来的家庭经济条件还不够雄厚，这时候生孩子很容易增加两个人的负担。

但是吴菲菲没有这方面的担忧。

张史虽然还是助教，但未来的前景是可预见的。至于吴菲菲自己，她的前景也是可预见的，她决定做一个全职的家庭主妇。

其实，张史的收入还不足以给这个家庭足够的经济保障，好在夫妻二人都是独生子女，两边的父母都能给予金钱上的帮助。但在人力上，一切都要由他们自己承担了。

婚后不到一年，他们就迎来了一个可爱的女儿。虽然选择做一个家庭主妇，但这不代表她就需要停止工作。在照顾家庭的同时，她也在努力寻找能够让她获得收入的方法。所以，为了能给这个家庭带来更多的保障，即使宝宝出生后，她仍然没有停止学习，并且着手开网店。

吴菲菲的网店开得很成功，她的商品多数是她自己 DIY 的小东西，比如手链、头绳之类的。她的大部分时间都用在照顾宝宝和家庭上，所以产量不高，每天只做几十个，卖光也不会再加。

尽管她的网店做得漫不经心，但她的产品很特别，仍然收获了许多忠实的追随者。因此，她经常收到增加订单的请求，不过都被她拒绝了。

就这样，开店给她带来不少额外收入，有时候比张史还要多一些。

我问过她，“你不打算把店做大一点吗？现在很多网店都有实体公司的。”

“没有那个精力啊。”

“给孩子请个保姆啊，你其实很有才的，为什么不拼一拼？”

“保姆跟妈妈怎么能一样？我就想一家人能开开心心的。”

“你啊，真的可惜。”

话虽如此，但转念一想，吴菲菲自己都不觉得可惜，为什么别人要来为她可惜？

（三）

女儿两岁那年，吴菲菲和张史又有了个儿子，这从一开始就在计划之中，加上双方父母也支持，因此事情顺理成章地发生了。

吴菲菲知道，两个宝宝绝对不是1+1那么简单。为了迎接第二个宝宝的降生，她开始阅读大量的关于多子家庭的书籍，了解如何协调两个宝贝的关系，怎样给予孩子最科学的教育等。为了能得到更权威的资料，她还专门去找了论文的英文原文来看，遇到大量不懂的专业单词，她都一个一个地查字典。

她从没想过，自己会重新开始研习英文，不过她认为任何为家庭做出的努力，都是值得的。在小儿子一岁、大女儿三岁的那一年，吴菲菲的妈妈忽然来找她，说有人打算投资她的淘宝店。

那个人是吴菲菲的妈妈在工作中的朋友。一次，她无意间看到吴菲菲的妈妈戴着吴菲菲做的首饰，她认为这是一个不错的投资项目。妈妈来找吴菲菲是希望吴菲菲能够与那位朋友合作，将这个淘宝店做大，将这个品牌推得更远。

不得不说，吴菲菲确实是动心了。

但如果要将店的规模扩大，吴菲菲必须要全身心地投入进去，那时别说照顾孩子，可能正常时间上下班都做不到，有时候她甚至需要连续几天待在实体店里不能回家。

扩大品牌是好的，发展事业更是好的，可是孩子怎么办呢?

这是第一次，吴菲菲想要将人生重心转移到事业上。

“孩子丢给保姆啊，不然我帮你带两年也行。”妈妈这样说。

吴菲菲知道，两个孩子交给妈妈来管，自己会放心很多，事实上，现在大部分的家庭都是如此。

当大人正在谈话时，两个孩子正在客厅里面玩着彩泥，大女儿忽然拿着一块彩泥跑了过来。

“妈妈，这是送给你的！”

吴菲菲接过那块彩泥，但她实在看不懂女儿做的是什么。

“这是什么呀？”她问女儿。

“这是我的爱心，我是想要告诉你我爱你！”

吴菲菲哑然失笑，哪有爱心长得这么奇形怪状？

可吴菲菲看着那个奇形怪状的心，她的心瞬间融化了。

如果说这世上有什么值得一个人倾尽全力去守护，大概就是这样一颗纯真美好的心吧。

（四）

从那日起，原本平静的生活渐渐有了波澜。

带露的清晨，吴菲菲从睡梦中醒过来，看向正在她身旁熟睡的小儿子。小儿子只有一岁多，当他熟睡的时候，安宁的模样像极了古油画中的天使。

在小宝宝熟睡的面孔前，所有的纷繁叨扰都会烟消云散。

“早餐做好了。”

耳边传来的这句话将吴菲菲从沉浸在儿子的睡脸的状态中拉回现实，她回过头，看到穿着睡衣的张史正睡眼惺忪地看着她。

每天早晨，张史都会做早餐，通常是煎两个鸡蛋，或者压两片三明治，或者去楼下买两个包子。吴菲菲，就去叫女儿起床，指导她穿衣洗漱，再由张史送她去幼儿园。接下来的一整天，吴菲菲会用她的全部精力去照顾小儿子，到了晚上，再做一顿全家人吃的饭菜。

她曾经认为，这样的生活是她的全部梦想。

可事实当真如此么?

妈妈的朋友还在等她的答复，这是她改变人生最好的，甚至也有可能是人生的唯一一次机会。

老公带女儿去了幼儿园，离开之前，女儿十分甜蜜地给了吴菲菲一个告别吻，晚上回来的时候，还会给她一个重逢吻。

她左右为难。

这天，吴菲菲给我打了个电话，聊起关于开店的事情。

“我真的很迷茫，这是个特别好的机会。”

“那还犹豫什么？撸起袖子去干啊，你以为谁都能遇到这种机会吗？有人愿意投资你，说明你有潜力，有价值，我早就说过了，你其实很有才华，不应该把才华埋没了。”我说道。

“那我的老公和孩子怎么办？”

“我虽然不同意为了工作放弃家庭，但女人并不一定是必须主动放弃的那一方。既然你有想法，为什么不试试呢？提前和张史商量一下，也给孩子一些缓冲时间，一切会好的。”

“那如果我想拒绝这次的机会呢？”

“那就拒绝了呗！生活里没有如果，每一种选择都会有遗憾，没有十全十美。如果犹豫不决，就不要勉强自己做决定。”

（五）

当听到吴菲菲打算开店时，张史陷入了沉默。

女儿在缠着张史给她叠纸鹤，儿子正在地上爬来爬去，而张史看着两个小宝宝，若有所思。

“所以，你怎么想？”

吴菲菲抱着抱枕，双腿叠在胸前，她其实也不是很清楚自己应该怎么想。

“你要开店，我当然支持你。”张史说，“但是家里的状态就必须调整了。首先，两个孩子谁来照顾呢？请阿姨我不放心，老人来照顾的话观念上肯定会有差异。可我们又没有第三种选择。”

吴菲菲沉默。

张史想了想，说：“还是只能让老人来帮忙了，至于孩子，该牺牲的就要牺牲，我们也不能总是什么都追求完美。”

这句“该牺牲的就要牺牲”，让吴菲菲心中一颤。

与孩子建立了那么久的信任关系，就要这么结束了。儿子摔倒后，扶起他的那个人将不再是自己，女儿受了委屈后，能够倾听她声音的那个人也不会再是自己了。但很多家庭都是这样的。许多孩子都是在老人的帮衬下成长的。

“那我就开始运作了。”吴菲菲说，声音里却没什么底气。

“去吧，记得家人永远会支持你。”

吴菲菲点了点头，内心却始终感到不安。

第二天，女儿被送去幼儿园后，吴菲菲把儿子带去妈妈的家里，自己去选店址。她一边观察一边总结，忙了整整一天，回到家的时候，天早已经黑了，丈夫和女儿正半躺在沙发上，看动画片。

吴菲菲一直都不希望给女儿看那些动画片，她怕女儿太过沉迷其中。她走了过去，有点生气地拍了拍丈夫的肩膀。这时，她才发现，张史已经是半睡半醒的状态。一旁的女儿倒是精神十足，眼睛睁得大大的，一动不动地盯着电视。

回过神的张史，看到吴菲菲笑了笑。

“回来啦，老婆。”

“为什么给孩子看动画片，给她讲故事啊。”吴菲菲有些责备地说。

“我当然讲了啊，可她嫌弃我讲得不好听，我只好给她看电视了。”

“这样怎么行。”吴菲菲不高兴地看了眼女儿，此时女儿正看得聚精会神，她只得等电视进广告再关电视。

“吃饭了吗？”吴菲菲又问。

“当然吃过了。”丈夫理直气壮地回答。

这时，原本正聚精会神看着电视的女儿忽然转过头来，说：“爸爸做的菜可难吃了！”

原来这边的对话她都听着呢！

“有多难吃啊？”吴菲菲忍不住笑起来问。

“一口也不想吃的那种难吃！”

“那你到底吃没吃呢？”

张史抢先回答道：“她只吃了米饭，菜一口都没吃，我只好又给她买了一袋虾条。”

吴菲菲的头都大了。

她不怪张史，张史已经十分努力了。

正如张史所说，如果要去追求自己的事业，就必然要牺牲一些东西。整个家庭的节奏都被打乱了，如果吴菲菲要继续，就要接受这些改变。

到了晚上，吴菲菲用电脑跟在妈妈家的小儿子视频，然而小儿子只是哭个不停，小小的他又怎能理解那个温柔的妈妈忽然就进到电脑显示屏里去了呢？

吴菲菲心中一阵阵地发疼。

她想要成功，可同时，她还想拥有一个温馨的家庭，两个可爱的宝宝，一个有点没心没肺却足够温柔的老公。

吴菲菲对老公说：“我觉得，那个店，还是先不开了。”

老公有点惊讶。

“为什么？如果是为了家庭，我是可以做好你的后盾的。”

吴菲菲笑了，说：“知道你靠谱啦，但我觉得我的能力还不足以开店，先多学几年再说吧。”

丈夫点了点头，“说的也是，我也觉得你现在有点急，咱们可以慢慢来。”

是有点太急了，吴菲菲心想。

有时候，人们会面对一些选择的难题。而一个母亲，常常面临的便是家庭和职场的选择，仿佛家庭与职场是两个对立的存在。其实与其说对立，不如说那只是一个人的不同状态。当家庭更需要她时，她就要在家庭中停留得久一些；当职场更需要她时，她便要在工作中停留得久一些。

对吴菲菲而言，现在正是家庭更需要她的时候，她选择了家庭，但并不意味着她今后不会有在事业上大展宏图的机会。这并不是一道选择题，而是一道归纳题。

而放弃，是为了一场准备得更加充分的出发。

年轻父母面对无法承受“二孩”的重担，采取了分散式养法。爷爷奶奶带走一个孩子，姥姥姥爷带走另外一个孩子。一家人分散在三个城市，这样的分裂要如何弥补和解决？

12. 杨咏 |

如何给你完整的爱

（一）

据统计，58% 的受访者认为年轻父母“只生不养”的现象普遍存在；63.1% 的受访者认为年轻父母工作压力大，没有精力和时间照顾孩子是造成此现象的主因。根据网络调查，截止到 2016 年底，高达 86.5% 的家庭将“没人带”作为要二孩的最大困难。

而杨咏一家就是这 86.5% 的其中之一。

杨咏是湖南湘潭人，从小到大去过最远的地方就是长沙。她从小就是乖乖女，一直按着父母的计划上了小学和初中，后来去了湘潭中学，最后又去了湘潭大学。在杨咏大四那年，她谈恋爱了，这段恋情是在快要毕业的时候开始的。

杨咏第一次遇见张扬是在指导员的办公室。张扬高杨咏两届，是典型的风云人物，长相好、个子高、成绩好、会唱歌、能弹琴，是院里各种晚会的压轴人物。

那天，杨咏在指导员办公室整理表格，整理完已经中午了。正巧碰上张扬回校看望指导员，于是，三个人一起出去吃了顿饭。饭桌上，张扬的幽默风趣给杨咏留下了深刻的印象，而落落大方的杨咏也吸引了张扬。饭后，张扬问了杨咏的联系方式，两个人的缘分由此开始。

大四一年转眼即逝，毕业晚会上，张扬当着所有人的面在舞台上向杨咏求婚。

后来，刚毕业的杨咏去了父母安排的一家湘潭的公司当了职员。不久后，两个人就结了婚，在湘潭买了房，很快杨咏就有了身孕。因为是第一胎，双方家庭都十分看重，杨咏的母亲和婆婆轮番来照顾她，每天给她煲汤，做各种营养餐。张扬工作比较忙，公司又在长沙，但无论多晚他都会回家陪妻子。不知不觉，这样的陪伴从两个人的相互依偎变成了三个人的和谐完美。杨咏生了个女儿，名叫芯芯。在一次聚会中，杨咏对我说："芯芯出生以后，我才觉得自己是个大人了。尤其是我把她抱在怀里的时候，她那么小、那么软，我唯一的念头就是要拼尽全力保护她。"

也许为母则强，说的就是这样吧。

（二）

芯芯给这个小家庭带来了无限的欢乐，张扬白天看不见芯芯，他就让杨咏时不时地录些视频发给自己看，晚上回到家的第一件事也是先抱孩子，换尿布、哄孩子睡觉这些事，张扬也能做得得心应手。

孩子第一次洗澡的时候，杨咏虽千般小心，但还是让芯芯呛着水了。芯芯因此大哭不止。一旁的杨咏见孩子哭了，更加惊慌失措，连忙不停地轻抚孩子，但她还是哭闹个不停，杨咏心里更是着急。

张扬回到家，看到孩子在杨咏怀里哭，而杨咏抱着孩子哭，吓得他以为是孩子出了什么意外，直到杨咏哽咽着说出前因后果，张扬的心里满是无奈。

于是，一身疲倦的张扬只好先把孩子哄睡着，然后再回到客厅去安慰杨咏。刚开始，张扬还能轻言轻语地安抚杨咏，次数多了，张扬开始不太耐烦。其实，每次事情过了，杨咏冷静下来后，总是会对自己的反应感到懊悔，但下次又发生类似的事情后，她还是会急得直哭。

不过随着芯芯一天天地长大，杨咏也逐渐得心应手起来。很快，在夫妻两人的计划下，杨咏又怀孕了。

第二次怀孕很顺利，但在她怀孕的第四个月，杨咏忽然感觉到张扬的不对劲，他开始魂不守舍，有好几个晚上他在床上翻来覆去地睡不着觉。当杨咏问他发生了什么，张扬又表现得一脸轻松，好像什么事都没有。

这天晚上，吃晚饭时，张扬一直欲言又止。吃了一会儿，张扬放下了筷子，小心翼翼地对杨咏说道："老婆，我想跟你说个事。"杨咏深吸了一口气，也放下了筷子，冲张扬点了点头。

原来，张扬的公司有个难得的外派机会，可以将他调到深圳的分公司，职位从现在的部门经理升到了总监的位置。深圳的分公司刚成立两年，一切还处在百废待兴的阶段，张扬这个时候调过去，就是开疆扩土的功臣。

张扬一直犹豫不决，就是担心他的这个小家庭。一来，杨咏现在怀有身孕，到了深圳那边，没有人可以照顾她；二来，芯芯已经开始上学了，不能没人管。杨咏的第一反应就是不愿让丈夫去，但话到了嘴边却怎么也说不出口。张扬这几天的表现等于已经告诉了杨咏自己的想法，他想要向上发展。杨咏不愿意因为自己而耽误丈夫，反倒安慰起张扬。

"去吧！没事的，你不用担心家里，还有我呢，忙不过来还有妈，她们能来帮忙。"

张扬感激杨咏的善解人意，表示杨咏生产的时候他一定会回来陪她，同时他会努力工作，争取尽快把她和孩子接过去。

两周后，张扬就出发去了深圳，而杨咏则把自己的母亲接来和自己一起住。到了晚上，两个人都会视频，说说自己一天发生的事情。不知不觉间，杨咏的预产期也就到了。

张扬在预产期那几天回到湘潭陪着她，儿子星星在一家人的期盼下出生了。因为工作繁忙，张扬还没陪杨咏过完月子就不得不赶回了深圳。

杨咏不得不独自带着两个孩子，婆婆过来帮了一段时间，但因为身体不好，除了做饭以外，其他事情还是杨咏自己做。

星星出生后，芯芯开始害怕别人会不喜欢她了，因此每天晚上闹着让杨咏和她一起睡，要是芯芯看到杨咏给星星喂奶，她就会不高兴，甚至偷偷地打星星。

为了照顾和安抚两个孩子，杨咏常常筋疲力尽。而张扬的公司这时也因为新产品研发出现问题而陷入危机，公司的人为了解决危机每天都加班，因此张扬好几天都没睡觉了。

每天晚上视频的时候，杨咏看着张扬脸上憔悴的神情，满是心疼，很想要去深圳陪他，但想了想两个孩子，又强压下了自己的想法。

一天，杨咏在微信里问我，如果孩子不在父母身边长大会有什么影响？我告诉她，孩子最好还是在父母身边成长会好一些。

“先不论芯芯，星星现在才几个月大，宝宝从四个月到三岁，这段时间是安全感形成的最关键时期，而孩子在四个月以后就会开始认识人了。如果你在这些时候都不能陪在孩子身边，那很容易造成你和孩子之间的隔阂，会让孩子丧失安全感，这对他以后的成长有极大影响。另外，芯芯现在开始上小学了，但是她的心智还没有完全成熟，很难理解父母的无奈，这会让孩子有一种被遗弃的感觉，导致她产生自卑感。所以我不建议让孩子离开父母生活，即便爷爷奶奶再贴心也比不上父母。”

听了我的话，杨咏表示会仔细考虑。然而，在杨咏这边还在纠结的时候，张扬却出了意外。

张扬在一次加班回家的路上，因为过度劳累，开车的时候出了意外，撞向了一旁的隔离带，好在没受到致命伤，只是腿有轻微的骨折。

听到消息的杨咏当即决定要去深圳，第二天她就把芯芯送到了姥姥家，而将星星送到了婆婆家。将一切安排好后，她就坐飞机到了深圳。

到了深圳后，杨咏每天早上开车送张扬到公司，中午的时候给他送饭，到了晚上再去公司接他回家。其余时间杨咏只能一个人待着，没事就在家附近到处走走。每当这个时候，她就格外想念两个孩子，虽然每天晚上都能视频，但还是难以弥补她内心的思念。

张扬把妻子的情况看在眼里，托人在一家私企给杨咏找了份会计的工作。虽然工作比较忙，但好在时间比较固定，杨咏既能借着工作疏解心情，又不耽误照顾丈夫。

而杨咏最开心的是每天晚上和孩子视频。刚开始的时候，芯芯总是抢着和杨咏说自己在学校发生的事情，比如老师批评了她、同桌又买了个新的笔盒、班里谁又得了倒数第一……

但慢慢地，芯芯就变得不爱接视频了，有时候说了不到两句她就吵着要挂断视频。杨咏觉得孩子跟她有隔阂了，张扬在一旁看着也是难受，但还是安慰妻子。

“没事的，就是孩子大了，爱玩了。”

星星这边的情况更糟，星星会说妈妈、爸爸、奶奶、爷爷……但是却总是冲着别人叫爸爸妈妈，可视频的时候看见杨咏和张扬却怎么也不愿意叫。

张扬既难过又自责。他让杨咏回去陪孩子，杨咏拒绝了。她不放心张扬一个人在这边，一个人支撑着四个人的家庭，精神上的压力和体力上的辛苦可想而知，杨咏看在眼里，疼在心里，她想帮丈夫分担一份经济压力。

她工作的公司是新起步不久的小公司，原本有一个人和杨咏一起管理公司账目，可那个人在杨咏刚来公司不久就因为结婚而辞职了，整家公司的账目都压在了杨咏一个人身上。她曾婉言提醒过领导，要再招一个人进公司，可领导说招聘启事已经发出去了，但迟迟没有人来应聘。杨咏只能硬着头皮做了下去。

（三）

一天晚上，杨咏照常给芯芯发送了视频请求，却过了很久才接通。

视频一接通，杨咏就看见自己的母亲一脸生气地抓着芯芯的手站着，而芯芯则是满脸的不情愿。

杨咏还没张口问，母亲就已经气急败坏地开口了。

“说吧！告诉你妈，你今天做了什么好事？”

杨咏连忙看向芯芯。

“芯芯，你做什么了？告诉妈妈！”

芯芯撇过脸不说话，母亲更生气了。

“她现在真厉害！都学会和别人打架了！”

杨咏惊讶地看着芯芯，她没想到自己乖巧的女儿居然还会和别人打架。

“芯芯，你怎么和别人打架啦？”

芯芯依旧低着头不说话，一旁的母亲叹了口气，说道：“今天放学接了她后就一直这样，问她什么都不说。”

杨咏觉得事情没这么简单，她不相信自己的女儿是那种会无缘无故和别人打架的孩子。

“芯芯，学校是不是有人欺负你了？”

芯芯低着头，依旧没有说话。

知女莫若母，杨咏一眼就看出芯芯的表情不对，加强了语气，又问了一遍。

“芯芯，说话！告诉妈妈是不是有人在学校欺负你了？”

又等了一会，芯芯才默默地点了点头。

母亲一脸惊讶，连忙抓过芯芯看是否有哪里受伤了。

而杨咏则心疼地问她：“为什么被人欺负了不告诉大人呢？”

芯芯一脸委屈地说："说了也没用，我又不想让姥姥姥爷出面，你们又不在家。"

杨咏听后瞬间泪流满面。这种有心无力的挫败感让杨咏心如刀割，杨咏不知道该说些什么来安慰芯芯，更不知道能说些什么来弥补孩子已经受伤的心。

那天晚上，杨咏和张扬在卧室里相对无言，一直到天亮都没睡。

第二天，杨咏把这件事告诉了我，说："我是真的后悔了！"。

虽然大人世界有大人的无奈，但孩子很难真正理解父母的良苦用心。当分离成了习惯，心灵的缺失已经造成了，这种创伤很难磨平。

老人们常说"三岁看大，七岁看老"，孩子人格形成的关键时期就在这段时间，如果父母们为了孩子的未来去努力打拼的同时，却忽略了孩子的当下，根基都没搭稳，在此基础上的"未来"只会摇摇欲坠。

孩子的幸福感是建立在安全感上的，因此陪伴永远排在教育因素的首位。成长是不断犯错和不断改正的过程，如果孩子有任何的错误，父母都能第一时间发现并纠正，这种自然而亲近的引导，才是教育的正确方式。

杨咏和张扬在国庆回了湘潭。与两个孩子这么久以来单独相处的第一个晚上，是在星星的哭闹声和芯芯的沉默中度过的。杨咏和张扬将买回来的一箱子礼物放在了两个孩子面前。星星一直哭，既不叫人，也不让两个人抱；芯芯则是怯怯地接过礼物，说了句"谢谢"。

杨咏的内心有点崩溃，没有她想象中孩子抱着他们痛哭流涕的感人场景，也不是一家人团圆和乐的温馨画面，只有尴尬和陌生。

接下来的几天，星星慢慢地接受了杨咏和张扬，而芯芯还是十分排斥。晚上两家父母一起在家里吃饭的时候，张扬把自己心里的伤心都说了出来，听得杨咏一阵辛酸。双方的老人也都很无奈。

后来芯芯的姥爷叹了口气，说道："芯芯以前多开朗。现在每天回到家，除了看电视就是闷在房间里，自己不愿意出去玩，同学来找她玩，她都不出去。我带着她出门，她逛一会儿就说累了。孩子还是要待在父母身边，我们照顾得再好，也比不上你们啊！"

社会的运转越来越快，我们不得不追在它的后面跑，当你回过头时就会发现，在你奋不顾身地追赶时，身后有一个稚嫩的身影，也在踉踉跄跄地追赶着你。

当你把孩子留在老人的身边时，一定要记得每天下了班尽量陪着孩子。即便不得不分隔两地，必要的沟通和交流也是不能缺少的，一定要告诉孩子，虽然父母不在身边，但爱他的心绝不会因此而不复存在。

独生子女时代，每个孩子都是小皇帝、小公主。“二孩时代”来临后，情况看起来没有发生什么转变。众星仍然在捧月，只是两个月亮之间难免有冲突。

13. 白家康 |

众星捧起的独月 VS 两个月亮

（一）

现在二孩家庭中的大部分父母都是独生子女，缺乏与兄弟姐妹相处经验的父母并不懂得两个孩子间互动的重要性。要给每一个孩子最好的，给了一个，就要给第二个，一切东西最好均分。

从第二个孩子出生的那一刻起，白家康就告诉自己和身边的每一个人，不论如何，对两个孩子都要一视同仁。

白家康与妻子都是独生子女，当他们决定要两个宝宝的时候，他们想到的并不是如何在子女间建立独特的关系，他们想得更多的是如何保证公平。夫妇俩都是在宠爱中长大的，他们希望可以将这份宠爱传递下去，虽然孩子不是独生子女，但孩子们将会拥有与独生子女同样待遇的生活。物质上，夫妇俩努力赚钱，争取能够给两个孩子提供同等的物质条件；精神上，他们尽量多地花时间陪伴两个孩子。

在结婚的第二年，他们有了一个可爱的儿子。到了第四年，有了第二个儿子。

在第二个孩子出生后，白家康立了遗嘱。遗嘱上，他写着家产将会给两个孩子一人一半。除此之外，他与妻子决定，不论是金钱、机会或者情感，两个孩子要么同时拥有，要么都没有。

（二）

白家康的两个儿子，大的叫辉辉，小的叫光光。光光因为年纪小，性格比哥哥要调皮许多。淘气的孩子往往比乖巧的孩子更令父母头疼，但白家康始终对两个孩子一视同仁。妻子小菲有时候会觉得白家康太过严苛了，但她还是默默将异议放在了心底。

辉辉四岁那年，一个天气微凉的周末，他们一家四口去了离家不远的儿童乐园。

辉辉和光光在积木区内摆起了积木。毕竟相差两岁，两个孩子在玩法上并不同。辉辉要摆一个小城堡，而光光只会乱七八糟地拨来拨去。

就在辉辉的城堡快要完工时，原本在旁边玩的光光忽然跑过去，一脚踢翻了辉辉的城堡。

夫妻俩都被吓了一跳。

“你干吗踢我的城堡！我好不容易摆的！”

辉辉十分生气，一把推倒了光光，身体的疼痛和内心的委屈使光光瞬间哭了起来。

小菲立刻扶起了光光。

“这件事是你错了。”白家康对光光说，“哥哥好不容易做的城堡，你为什么要去推倒呢？快跟哥哥道歉！”

然而正在哭的光光根本说不出话来。

辉辉的态度也凶起来：“你这个坏弟弟，快跟我道歉！”

可光光仍只是躲在妈妈的怀里哭个不停。小菲的心里有些不是滋味。她当然知道对两个孩子应当保持公平，但这件事真的应当处理得如此冷酷么？

“讨厌的弟弟，我再也不喜欢你了！”辉辉说完，自己跑去一边，继续摆起积木来。

“辉辉。”小菲轻柔地说，“跟弟弟一起玩好不好？”

“他都不跟我道歉，我才不跟他一起玩！”

小菲叹了口气，微笑着将一个积木放在了光光的手中，说：“那妈妈陪光光玩吧。”

然而光光却摇了摇头，说：“我不要玩积木了。”

小菲望向丈夫，白家康并没有任何态度软化的意思。

晚上，两个孩子都睡着后，在客厅里，小菲与丈夫再次谈起白天的事情。

“这样真的好吗？”小菲问，“你不觉得对光光太残忍了吗？”

“做错事就该道歉，这怎么是残忍呢？”白家康反问。

“做错事是该道歉，但是辉辉是不是该对弟弟宽容一些呢？他们是亲兄弟，不是陌生人。”

“这件事本来就是光光做错了，你让辉辉对他宽容，那不就是在偏心光光？”

“这不是偏不偏心的问题，光光还小，你的公平让他们的兄弟情变得生疏了。”

“难道兄弟情就是要哥哥让着弟弟吗？”

“不是吗？”

“那哥哥凭什么要让着弟弟，就因为他早生了两年？那他会不会怪父母生了一个弟弟，他才要遭受这些不该受的委屈？”

小菲语塞。

（三）

从辉辉五岁开始，家里就给他报了各种学习班。每天幼儿园一放学，夫妻二人分别带两个孩子去各种学习班，他们学钢琴、美术、英语，几乎一切的空闲时间都被各种学习班占据着。

而白家康为了给两个孩子最好的条件，一直努力地工作。因此，孩子常常得要双方父母帮忙照顾。

那天，白家康与妻子都要加班，很晚才能回家，接两个孩子回家的任务便交给了孩子的爷爷。

当白家康收工时，已经是晚上 9 点多，他又困又累，然而回到家里，刚一打开门，就听到一阵争吵声。客厅里两个孩子正在吵个不停，小菲正在询问孩子的爷爷到底怎么回事，看样子也是刚到家不久。

辉辉正拼命地跟妈妈说着什么，光光在一旁不停地哭，两个孩子的脸都涨得通红，几乎要翻天的吵闹声让白家康觉得头痛欲裂。

“到底是怎么回事？”白家康问。

辉辉转向爸爸，大喊了一声：“他吃了我的冰淇淋！”

白家康一愣。

就因为这点事情吵成这个样子？！

小菲目光复杂地看着丈夫，满是为难之色。

“好像是爸带两个孩子去吃冰淇淋，光光吃了辉辉碗里的冰淇淋。”小菲说。

白家康的目光转向光光，光光还在哭，泪水就如同坏掉的水管，不断往外涌。

“你为什么要吃哥哥的冰淇淋？”白家康问。

光光却不说话。

“你自己的冰淇淋呢？”白家康又问。

这时候，一旁的爷爷给出了解释：“光光自己的吃完了，他趁辉辉玩玩具的时候，就把辉辉那个吃了。”

“那有什么呀。”白家康说，“再给辉辉买一个不就行了？”

这时候，辉辉大声喊了起来：“再买多少也没有用！”

“那你想要怎么样呢？”白家康问。

“我要打他！他做错了事就该打！”

白家康愣了一下，虽然他努力让两个孩子获得绝对的公平，但眼前这一幕，真的是他希望看到的么?

这时，沉默许久的妻子小菲开了口："辉辉，光光是你的弟弟啊！"

"是我弟弟又怎么样? 难道他比我小，我就得让着他吗? 凭什么?！"

是啊，凭什么呢? 如白家康这样独生长大的孩子，从来都不需要让着任何人，凭什么辉辉就需要让着别人呢?

"就凭你是哥哥，你要有担当！"妻子说。

"凭什么哥哥就要让着弟弟? 爸爸说了，我的就是我的，谁都抢不走！"

辉辉越说越气，泪水也夺眶而出："你们为什么要生弟弟?！我讨厌你们！"

白家康的心绪从没像这般乱过。

(四)

第二天清晨，白家康是在头痛欲裂的状态下醒过来的，前一天夜里他辗转反侧，始终不能安然入眠。两个孩子争吵的画面在他脑海里怎么都挥之不散，他一直觉得自己强调的公平是没有任何问题的，但他是不是忽略了什么东西呢? 本来与朋友的相处方式，与陌生人的相处方式，与亲生兄弟的相处方式就并不同。将公平看得如此重要，真的是正确的吗?

小菲早在他醒之前起床了。这个时间，小菲应该正在厨房里忙碌，当她做好全家的早餐之后，再去叫两个孩子起床。

他来到厨房，果然看到小菲在那里忙碌着。

他端起杯子，打算去冲一杯咖啡时，与小菲说："这两个孩子怎么会变成这样呢？"

"还不是你总跟辉辉说什么他的就是他的。"小菲的语气中有些埋怨。

"难道我这么说不对吗？"

"不是说不对。"小菲拿起了一个苹果，放在菜板上切开几瓣，"而是有点太冷酷了。"

她一边将苹果分装在几个碟子里，一边说："你说，早晨这些事情都是我在做，难道这就是应该的吗？凭什么只是我在做呢？"

白家康有点心虚，软绵绵地说："我又做不好。"

"这也没有什么做不好的，可我不是在责怪你。我爱你，爱孩子们，所以我愿意做这些事情，就好像你拼命工作是因为你爱我们大家。在这个家庭里，每个人都在付出，有些事情，不是一句公平就可以说得清楚的。"

白家康端起了咖啡。

"可是，你应该也清楚，我们从小到大，从来都没有人跟我们抢什么，为什么我们的孩子就要承受这个呢？"

“所以我一直认为我们的成长过程有缺失。”妻子看向白家康，“我们将一些利益相关的东西看得太重了。”

“虽然我也不是很懂。”妻子说，“但我想，应该有很多比利益更重要的东西。那天我看了一本书，书中有一段情节，一对兄弟中的哥哥被人陷害，所有人都误会是他害弟弟受了伤，并且证据都指向了哥哥。”

“弟弟也这么认为吗？”白家康问。

“弟弟并没有埋怨哥哥，他想尽办法帮助哥哥减轻惩罚。因为他爱他的哥哥，这种情感已经超过了一切，相比之下，那点小矛盾和小摩擦已经变得无关紧要。”

白家康紧闭着嘴，仔细思索着妻子的话。

“这种感情真让人羡慕。”他说。

“是啊，虽然父母应该努力做到不偏心，但很多时候，公平可能并不是最重要的。”

（五）

白家康忽然觉得自己坚持了这么多年的公平没有了意义。

晚上和好友吃饭的时候，他提起了这件事。那位好友，正是我们共同的朋友。

于是，当天晚上，我就收到了白家康的好友请求。加为好友后，他发了一大段文字给我，里面详细地介绍了他的“公平论”。我看着文字，感觉有点好笑，倒不是笑他的行为，而是觉得原来真的有人这么认真地去执行“公平”。

我告诉白家康，他所谓的公平只是理想状态下的空想，每个孩子不一样，他们的想法和需求不会根据大人的观念而改变。

有时候所谓的“公平”和“偏心”都是父母的“假想”。

当有了第二个孩子后，因为二宝太小，便想要对他好一点，这并不是偏心；当有了第二个孩子后，怕大宝难过便更关心他，这也不是偏心。换个角度，没有二宝时，你也同样关心大宝；当关心大宝时，你同样没有忽视二宝。

这不过是在需要的时候，进行重心的转移。公平没错，但这个时候需要的不是一味的公平，而是理智的判断，究竟怎样的办法能解决问题。

那天之后，白家康再也没有强调过公平。当然，作为父母，他与妻子还是会努力做到不偏不倚，更不会因为孩子的恶劣表现而对其产生偏见。孩子之间发生纷争的时候，他不再单纯以公正的角度去判定两个孩子之间的问题。

有了兄弟是为了能在生命的最初就有一个相知相伴的人。改变是在点点滴滴中发生的，一旦父母的心态有了变化，这样的变化就会渗透进许多细微的缝隙里。

白家康与妻子开始强调兄弟亲情。正如妻子所说，辉辉是哥哥，就理应担负起哥哥这一身份，哥哥就应当爱护弟弟；而弟弟，同样应该信任和关心哥哥。辉辉比光光大了两岁，这两岁是刻在他们生命之中的，与其质问凭什么要被框在这种身份中，倒不如感激上天馈赠了这两个身份，让他们有机会做一次哥哥和弟弟。

白家康开始放手，试着将许多事情留给两个孩子自己去解决，去培养他们彼此之间的关爱之情。对一个人来说，不论得到多少来自他人的爱，都不如主动去爱别人一次。

小孩子的心其实很单纯，有时候，只要父母少一些无关的暗示，他们就能够成长得很顺利。

养育子女，原本就是在摸着石头过河。当走错了方向，就需要努力摸回正确的方向，一个家庭就是在这样不断摸索的过程中渐渐成长和成熟起来的。

也不知道过了多久，有天，白家康正坐在沙发上看手机，发现光光突然双手背后来到辉辉面前，可怜巴巴地认起了错。白家康放下了手机，听到光光说，“对不起，哥哥，我把你的飞机弄坏了。”

“哪里坏了？”辉辉问。

光光从身后拿出飞机交到辉辉的手中，接着立刻后退两步，忧心忡忡地看着辉辉。

辉辉看到飞机的螺旋桨掉了一块。

“坏了也没关系，我再给你找个别的飞机玩吧，好不好？”

光光担忧的神情瞬间消失了，他喜笑颜开地欢呼起来：“好！”

白家康原本紧张的情绪也放松了下来。

一切都还来得及。

虽然过度宠爱对一个人的成长不好，但一个人在他的童年阶段能得到足够的关爱是必需的。宠爱孩子是父母的天性，是大自然赐予父母的权利，问题在于宠爱的方式和度的把握。

怎样正确地去爱孩子，是父母们终生需要思索的问题。为了孩子而努力去吸取各方面的经验和成果，付出自己的精力和时间，这才是真正的宠爱。孩子想要什么就给什么，任何要求都满足，这并不是宠爱，只是想避开麻烦的懒惰罢了。而有了两个孩子就制定公平的计划，这更是不愿意多费心思的懒惰。

聪明的家长会努力在保证大方向公平的同时，再去寻求小细节上的平衡。许多时候，两个孩子之间的相互关怀和相互给予是比所谓的绝对公平更加重要的东西。父母努力去帮助培养这种关系，鼓励他们之间的良性互动，那比单纯地将给予的一切一分为二更加复杂，但那才是真正负起为人父母的责任。

早教、幼儿园、小学、中学，很多父母在孩子的任何阶段都要追求教育资源的最优化设置，而当第二个孩子降生后，这种优化的难度就会大大提升。

14. 陈晨飞 |

那些年，我走过的误区

（一）

有一句口号，从几十年前就有人在喊，这口号至今仍然高亢，它叫——不要让孩子输在起跑线上。

说起来，跑的是孩子们，可起跑线的位置却是由父母们决定的，于是，这一代的父母成了最辛苦的一群人。在他们小的时候，他们的父母要求不能输给别人家的孩子，要努力拼搏，出人头地；长大后，他们又被社会要求不能输给别人家的父母，要给孩子提供最好的，要买学区房，送孩子去优质的学校，给孩子丰富的物资条件，并报最贵的学习班。于是，他们省吃少穿，家中的一切开销都要给孩子们让路。商家都看准了这一点，拼命榨取父母们口袋中那可怜的一点金钱，仿佛任何一个身边带着小孩子的成年人都是一座座金山银山。

环境如此，人人都避不开，纵然父母们抱怨，却也无能为力。陈晨飞便是那众多父母中的一个。而他有两个孩子，这意味着一切的投入都是双份的。

陈晨飞的两个孩子是对异卵双胞胎，一个男孩一个女孩，男孩好静，女孩好动。从他们诞生那天开始，陈晨飞就给他们规划好了人生。自然，他并不能决定两个孩子将拥有怎样的理想，将走上怎样的道路，但至少，他可以决定在他们成长的过程里，给予他们怎样的养分，以怎样的方式去成长。

有时候，养育孩子就如同做一个项目。从最初的计划，到过程的执行，再到最后结果的验收，如果一切顺利，那么执行者将获得莫大的成就感。不过，每一个小孩子都是独立的个体，并不是能够完全按计划来实施的工作项目，当孩子渐渐长大有了自主意识，不论多么出色的父母都可能会产生无力感。

陈晨飞早在两个孩子出生之前，就攒下了足够的教育资金用来培养孩子各方面的才能。

在他的计划中，孩子两岁就应该去全英语早教机构培养语感，去行为早教机构培养各种社交行为。到了三岁便要开始接触音乐，学习钢琴，同时要去学习汉字与数学。这，便是陈晨飞孩子们的起跑线。

（二）

拥有一对龙凤胎大概是许多父母梦寐以求的事情，当陈晨飞得知自己有了一对龙凤胎时，他也觉得自己是全世界最幸运的人。不过，幸福往往只是一瞬间的感觉，生活却是长久持续的。当兴奋的情绪逐渐转为平淡，培养一对龙凤胎的难度终于渐渐浮现出来。

同时照顾两个婴儿，这简直是为人父母中的超级困难模式。就算陈晨飞投入了许多金钱，雇用了月嫂和保姆帮忙，可当两个婴儿同时哭闹起来，还是让人有种恨不得立刻夺门出去躲个清净的欲望。

陈晨飞是个谨慎的人，他三十二岁才结婚，三十五岁才要小孩，就是为了能在恰当的时机做恰当的事情。三十岁之前，他将一切精力都交给了事业。当事业稳定，他才考虑结婚生子。可真的有了孩子后，他才发现，当年拼事业不论多辛苦都比不上如今养孩子的十分之一。

他经常会想，这些小宝宝们之所以长得这么可爱，大概就是为了让父母们有足够的理由去容忍他们恶魔般折磨人的行径吧。他们总是毫无理由地哭闹，总是搅得人们睡不好觉，可是当父母们所有的精力都被磨光，当所有的耐心都到达尽头的时候，看到孩子那张肉嘟嘟的小脸时，一切愤怒都在瞬间化作了空气。

婴幼儿时期的孩子不论多么吵闹，都只是身体上的困倦罢了。当新手父母们抱怨小婴儿太难照顾时，得到的安慰通常都是：过了这一年，等孩子会走路就好了。于是，新手父母们带着这样的期望继续努力着，可当孩子能走路之后，他们又要面对更多新的问题。事实是，当一个人的身份里多了父母这一项的时候，他／她便终生都要为这一头衔不断付出了。在两个宝宝尚在襁褓之中时，作为新手爸爸的陈晨飞也同样抱有这样的期望，同样盼着两个孩子不再无理由哭闹的那一天。

只要孩子会说话、能跟父母沟通了，一切都会变得简单许多。这个想法多少有点天真，要知道，哪怕是两个受过教育的成年人，有时候都很难实现顺畅沟通，更何况跟一个对许多事情都还懵懂的孩子呢？掌握语言看起来是一个能够进行沟通的工具，可仅仅掌握工具还远远不够。

所以，当两个孩子三岁，陈晨飞发现他不论如何也无法教会女儿做简单的加减法时，他几乎要崩溃了。女儿并不笨，她的智力没有任何问题，却怎么都学不会加减法。不论陈晨飞怎么告诉她一加一等于二，她都无法理解这个抽象的概念。陈晨飞很是忧心，他担忧如果女儿不能顺利走出这一步，接下来便要步步皆输了。

可与女儿同一天出生的儿子却不同，他还不到三岁就能顺利从一数到一百，才三岁多一点就能够十分清楚地计算十以内的加减法了。

陈晨飞希望能够通过各种培训拯救女儿的短板。按照他最初的计划，两个孩子开始了他们的培训班生活。在陈晨飞看来，只要给孩子同样的教育成长环境，他们就一定能够做出同样的成绩来，没有教不好的孩子，只有不肯投入的父母。

他给两个孩子都报了钢琴班，第一次到钢琴教室时，孩子们都很兴奋，儿子睁大眼睛看墙上的宣传画，女儿则是东摸摸、西碰碰，停不下来。这一节只是试听课，目的是让家长检验教学质量后，再决定要不要送孩子来学习。陈晨飞早就认定了这家学校，不论如何他都会让两个孩子留在这里。

试听的过程中，儿子一切都很顺利，但女儿却开始出现问题。同样的音节，儿子可以按照老师的要求不停地弹下去，女儿却弹着弹着就忍不住去弹其他琴键，就算老师要她别这样做，可她还是会继续按自己的想法来。

试听结束后，老师特别跟陈晨飞说："男孩子很适合来学校，女孩子心性还不稳，要在家多练习。"

陈晨飞已经预料到这个结果。但他还是坚持让女儿学下去，如果女儿的天分比不上儿子，那么就让她通过后天的努力来实现成长。

（三）

钢琴班只是陈晨飞为孩子们报的培训班中的一个，此外还有数学班、英语班、识字班。在所有的培训班中，女儿只有武术还算优秀。好动的女儿武术成绩非常棒，文静的儿子动作倒总是做不到位。陈晨飞时常同妻子感慨，两个孩子的性格反过来了。

在两个孩子的人生旅程中，他们从同一起点出发，开始了你追我赶的前行，当有人落后了，陈晨飞便在那个孩子的背后推上一把。

可不知怎的，女儿忽然患上头痛的病。陈晨飞带女儿看了很多医生，挂了很多科室，但一直没有得出结果。CT 片上也并没有显示女儿的脑子有任何问题。可女儿却疼得没办法去学习班，没办法练钢琴，甚至去幼儿园也经常因为头痛难忍而被老师建议在家休养。

就在陈晨飞忧心女儿时，儿子也开始出现问题，他总是在武术课上发呆，老师总是训斥他。或许因为被训斥的次数多了，儿子开始极度排斥去武术课，每次去之前都会哭闹很久。

对孩子们的问题，陈晨飞很焦急。他不知道怎么缓解女儿的痛苦，也不知道该如何鼓励儿子去上武术课。

后来，医生建议他去找个心理医生或是儿童教育方面的专家。万般无奈之下，陈晨飞找到了我。

在他说完后，我问他："你来找我，是想要解决哪个病呢？"

陈晨飞没有说话。

我叹了口气，说："是要我帮你治疗孩子的头疼病呢？还是解决孩子的心病呢？"

陈晨飞的表情满是尴尬。其实他自己不敢提，也不愿意承认，这一切与那些培训班有很大关系。

那些都不是孩子喜欢学的，强迫一个并不感兴趣的人去学习它们，这种事情又怎么去强求有好的结果呢。

不论如何，陈晨飞女儿如今的状态只能是以休养为主了，至于儿子的武术课，也只好暂时休停。

（四）

陈晨飞最害怕的就是两个孩子被同龄人落下。

当他和我说时，我故意惊讶地用话刺激他：“难道孩子现在不是落下了吗？”

陈晨飞无言以对。我继续说道：“你说了这么多，发现了吗？都是你的担心，你的想法。孩子不是木偶，他们有他们的未来，强逼的优秀和枷锁有什么区别？倒不如用这个时间和孩子相处一下，试着读懂他们的想法。”

每次女儿头痛时，陈晨飞的妻子都会带她去公园散心。和我谈过后的一天，女儿的头疼又犯了，陈晨飞的妻子照例带她去公园。她们回到家后，妻子对陈晨飞说，女儿今天跟她说，她讨厌学习，想要去打球。

“真是胡闹，不学习以后怎么办？”

“又不是完全不学，只是有些东西不喜欢也没必要逼着她学，你不喜欢吃青椒，别人逼你吃你也难受。”

陈晨飞没说话。不过，女儿现在的状态已经不适合去上培训班，既然如此，倒不如顺了女儿的心意，让她去做她喜欢的事情，也许对女儿的病情也能有帮助。

家附近的公园里有个体育场，陈晨飞可以每天都带女儿去打球。每天下班后，妻子会送儿子去上培训班，陈晨飞则带女儿去体育场打篮球。在体育场上，陈晨飞终于见到了女儿久违的笑容。

虽然女儿现在只是随便在场地上拍拍打打，可她灵活的样子也颇有了一点正式球员的样子。

“宝贝，你以后想要当球员吗？”看到女儿打球的样子，陈晨飞问。

才四岁多的女儿还无法理解爸爸的问题，她只是开心地笑着说：“我喜欢当球员！”

“那你想要去打比赛吗？”

“我不喜欢打比赛，我喜欢当球员！”

陈晨飞忽然明白了。女儿所谓的喜欢当球员并不是真正意义上的那种球员，她只是喜欢在这里打球的感觉罢了。

人活在世上，最大的追求不就是可以做自己喜欢的事情么?

那天，从篮球场回家时，夕阳刚刚落山，余晖将两个人的影子铺在堆满石子的路面上。陈晨飞的心情有了种前所未有的轻松。

用成年人的思维去强行要求孩子，有时候不过是给孩子们徒增痛苦。

这便是他在思索之后得到的结论。

（五）

与孩子们相处的时间越多，陈晨飞越能体会到，把孩子丢给早教班和各种学习班不过是父母的懒惰。

给予孩子精英式教育的最好方式是父母将孩子放在自己的肩膀上去看世界。相对于在童年阶段就给孩子灌输各种各样的才艺和知识，更重要的是在性格上培养他们。

如何让孩子们去做那些他们不喜欢做的事情才是在幼儿园期间的教育重点，而其方式绝对不是单纯的逼迫。其实，不仅仅是小孩子，对许多成年人来说，去做自己不喜欢做的事情仍然是一个难题。更难的是如何在此基础之上，努力去追求自己真正向往的东西。

一个人的个性往往在童年阶段便已经确定了，甚至一些生物学家告诉我们，人的个性在出生之前就已经决定，一切都已决定在了基因之内。可人类文明还在前进，人们之所以总是努力突破自己，努力去做一些自己不愿意做的事情，是为了能成为更好的人，这些是需要教会孩子的道理。

陈晨飞将女儿的各种学习班停了下来，也停下了一些儿子不感兴趣的学习班。他将自己的大量时间都投入到了两个孩子的身上。每个周末，他和妻子都会带孩子去不同的地方玩，大多数是一些有趣的小地方，比如某条有特色的街道，某个风格别致的小餐馆，某座公园的树林，某个假山，有时候只是小河边。

在这个过程中，陈晨飞自己都惊讶，原来这个城市竟然有那么多值得去探究的东西。他原本只是为了让两个孩子体会生活才做了这样的计划，却没想到自己也从中受益良多，他相信，拥有这样童年的孩子一定能成长为十分有趣的人。

此外，他还经常带两个孩子参加各种各样的挑战，比如爬山，比如折纸。当带着比赛的心情去做，哪怕是不喜欢的事情，两个孩子也会努力去完成。

陈晨飞觉得现在对孩子教育的方式显然比早教班有效多了。早教班不论多么专业，方式多么先进，那些老师们终究不如自己对孩子了解得深刻。他最终意识到，任何一个教育理论都不可能适用于每个人。因为每个人都是如此地与众不同，都应当用独一无二的方式去对待。而父母最大的作用在于他们是那个懂得用独一无二的方式去对待他们独一无二的孩子们的人。而最聪明的教育方式，便是绝对不要把一个如此特别的孩子培养成一个已经设想好的模样。努力去发现和保护每一个孩子身上的特点才是教育的意义。

有些老人思想守旧，有重男轻女的看法和做法。父母想要对这样的情形做出弥补，就应该对女儿更加关爱和袒护吗？

15. 陈梅 |

心里的天秤，平等的爱

（一）

人类出生的性别比是同期男婴的出生数除以女婴的出生数，通常把女婴数量设为 100。在正常的状态下，这个比例应保持在 102 ~ 107 之间，但是从我国近年的一次人口抽样调查来看，比例却远高于此。

这样差距极大的比率表明了中国现在“男多女少”的现状，其中女婴出生数不断减少的原因之一是非正常死亡。这也意味着，排除部分因为婴儿本身不健康无法出生的以外，剩下的都是因为性别的原因而被人为选择瞒报、流产甚至是遗弃。

当我们谈论“重男轻女”这个话题时，一般发生在我们父母那一辈，相信很多人都经历过或看过这种现象。例如当和弟弟或哥哥吵架时，挨骂的很可能是女儿；当家里只能供一个孩子上学时，被放弃的那个很可能是女儿。

当我们好不容易长大，自己组建了家庭后，却发现自己仍被困在“重男轻女”的思想里。因为当初那批重男轻女的父母们也成了公公婆婆。重男轻女这种观念对于他们来说，不是短时期内就能消除的，而孩子在一个家庭里的健康成长是多方面作用的结果，老人的一举一动也会深刻地影响着孩子。因此，有着“重男轻女”思想的家庭该如何教育孩子，就成了很多年轻父母担心的问题。

陈梅是一家私企的会计，和丈夫刘亮相识已经十多年了，两个人是高中同学，后来又在同一个大学上学，毕业后就结婚了。

刘亮原本是学法律的，但毕业后决定和几个同学一起创业做餐饮，我和陈梅就是在刘亮的餐厅相识的。

那时，陈梅和刘亮的生活并不富裕，但十分幸福，夫妻俩对未来都有着自己的安排，两个人都不想太早生孩子，想先专心拼事业。婚后的前三四年，两个人相互鼓励打气，在各自的工作领域里大放光彩，谁能想到，后来婆婆的到来却让这个原本幸福的小家庭差点散了架。

婆婆原本住在老家，后来因为身体不好，刘亮和陈梅就把她接到市里的大医院来看病。两个人工作忙，吃饭一直不规律，但婆婆来了以后伙食质量就提高了不少。老太太做饭的手艺好，两个人回到家就能有热腾腾的饭菜可以吃，于是他俩就把婆婆留下来常住了。

和婆婆一起生活了不久，陈梅就发现自己怀孕了。这个突如其来的小生命打乱了陈梅和刘亮原本的计划，他们匆匆忙忙地接受了自己身份的转变。第一次怀孕的陈梅什么都不懂，好在有婆婆的帮助，才让陈梅内心安定许多。

婆婆身体不好，但每天一大早起床去买菜，只为买最新鲜的蔬菜和肉给陈梅补充营养。陈梅孕吐严重，一点腥味都不能闻，有时连喝口水都会吐个不停。为了让陈梅能吃下东西，婆婆每天都变着花样做饭，既有卖相又有营养，哪怕陈梅因为难受一口都吃不下去，婆婆还是换着花样做给陈梅吃。

婆婆时常敦促刘亮“不要回来太晚了”“你媳妇怀孕了要好好照顾她”。有一次，刘亮在外应酬喝多了酒，进门躺在地上就要睡觉。陈梅既生气又心疼，要把他叫醒回屋里睡，谁知刘亮下意识地挥了一下手，正好打在挺着大肚子正艰难往下蹲的陈梅身上，陈梅一下子就摔在了地上。婆婆正好看见这一幕，连忙将陈梅扶起来，问孩子有没有没受伤？陈梅稍微缓了一会，发现除了心跳有点快以外，并没有什么地方难受。

“没事，妈，这地上有地毯垫着，我没怎么摔着，放心吧。”

见陈梅真的没不舒服的地方，婆婆也放下心来，看着地上睡死的刘亮，她上去就狠拍了他一下：“让你喝这么多酒。”刘亮没有反应，转了个身又继续睡过去了。陈梅想把刘亮扶回屋里，婆婆却不同意，怕刘亮晚上一个不小心会伤到孩子，坚持让儿子在沙发上睡。

第二天陈梅一睡醒，就听到客厅外婆婆的声音："让你别喝这么多，你还喝，你昨天都把陈梅推倒了，这万一要是伤着孩子了我看你怎么办。都这么大个人了，做事还毛毛躁躁的……"

婆婆的贴心让陈梅觉得实在过意不去，每当她想要帮把手时，婆婆都会阻止她，说道："你现在怀着孕呢，可累不得，都是一家人，没有那么多客气的。"

这话听得陈梅心里暖烘烘的，她觉得自己真是太幸运了，有个疼爱自己的丈夫，还有个把自己当成女儿一般对待的婆婆。

不知不觉，离预产期就只剩一个月了，婆婆对陈梅的照顾更是无微不至，恨不得就连陈梅上厕所的时候也要跟过去。甚至有一次，陈梅软磨硬泡地让刘亮松口答应给自己吃一口冰淇淋，被婆婆知道了以后大发雷霆，指着两个人说："不拿孩子当回事。"

当关心变得"严丝合缝"，它就成了枷锁。

陈梅有时跟我抱怨，说她觉得自己就像是在坐牢，婆婆就是那个牢头。但是犯人还能有个放风的机会，自己却每天都在婆婆的"监视"下生活。

面对这种情况，我也只能安慰：挺过最后一个月就好了。虽然这样的关心太过严厉，但也是婆婆的一份心意，毕竟不是每个儿媳妇都能碰到这样贴心的婆婆。

陈梅生产的那段时间，我正好因为有事离开了，等我回来去看望她的时候，她早已出了月子，在家休产假。见到她的时候，我吓了一跳，她本来就又瘦又小，怀孕的时候就没见多胖，这次再见面，她看起来反倒更瘦了。我下意识地以为她是得了产后抑郁症，问过之后才知道她是因为和婆婆闹了矛盾。

（二）

陈梅第一胎生了个女孩，取名叫糖糖。她和刘亮十分欣喜，因为想要保持神秘感和惊喜感，怀孕期间陈梅一直没有去做性别鉴定。两个人之前闲聊的时候就曾讨论过生男生女的问题，刘亮无所谓，陈梅倒是极想生个“软萌”的女孩，这样她就能给女儿买好多好看的衣服，把她打扮得漂漂亮亮，像个洋娃娃一样。因此糖糖的出生让陈梅了了个大心愿，却让婆婆很是失望。

陈梅一直沉浸在喜悦中倒是没发现什么异常，反倒是刘亮有一天突然说：“妈怎么了？感觉一直提不起兴致。”

这时陈梅才想起来，自从她生产以后婆婆就不怎么跟自己说话了，甚至连孩子也不怎么抱。陈梅小心翼翼地问道：“婆婆不会是不满意我生了女孩吧？”

这话让刘亮也愣住了，因为他自己家是两个男孩，自己上面还有个哥哥，哥哥结婚后也生了个男孩，因此刘亮一直不知道自己的母亲到底是不是重男轻女，但是被陈梅这么一说，刘亮心里也犯起了嘀咕。

这天，陈梅要跟着护士去做检查，刘亮公司有事着急走，于是她便给婆婆打了个电话，拜托她过来帮忙看一会孩子。婆婆来了以后，就催促陈梅快去做检查。等陈梅检查完回到病房，还没进门就听到了糖糖的哭声，接着她就听到屋里传来了婆婆极不耐烦的声音：“哭哭哭，就知道哭，你妈也真是没福，生了你这么个赔钱货。”

门外的陈梅听到这话很是生气，她这才确定原来对自己那么好的婆婆真的在埋怨自己生了个女儿。突然，糖糖的哭声更大了。她忙抬头，从门上的玻璃往里看，就看见婆婆一边骂糖糖，一边还在糖糖的身上掐了一下。

陈梅一把推开门，吼道：“妈，你干什么呢？她还是个孩子，你再不喜欢也不能掐她啊！”说完便将哭闹不停的糖糖抱在怀里不住地安慰。

婆婆吓了一跳，十分尴尬地说：“陈梅你误会了，没有，我……我就是逗逗她，她还是个孩子我能用多大力气。”

陈梅一脸愤怒地说：“我都听到了，你不就是因为我生了个女儿嘛，这都什么年代了，你怎么还这么重男轻女？糖糖是我千辛万苦生下的宝贝，不是你想打就打想骂就骂的。”

婆婆被陈梅说的脸青一阵白一阵，后来也干脆冲陈梅脱口而出，“你怀孕的时候我这么伺候你，我都跟其他人说了要抱孙子啦，你这样不是让我没脸嘛。”

陈梅气得浑身发抖，说：“我都没去做检查，你又怎么知道我就一定生儿子呢？”婆婆一脸懊悔地说：“我看你这肚子那么尖，还喜欢吃酸的，就以为你怀的是男孩呢，谁想到老话这么不准啊！”

陈梅正要怼回去，谁知婆婆的话还没说完，“不过先生个女儿也没事，等你们再生男孩的时候，就有人能照顾弟弟了。”

陈梅无奈，“妈，我和刘亮没打算生第二个，一个就够了”。

这话一下子激怒了婆婆，“什么叫不生了，你就生了这么个丫头就想不生了！我必须还要一个孙子！”

陈梅没想到在电视剧里看过的台词竟然被自己遇到了，她毫不遮掩地丢出自己的想法，“我不是生孩子的机器，现在社会男女早就平等了，你那都是老掉牙的思想了。”

婆婆依旧不肯示弱，“我告诉你，别人怎么样我管不着，你进了我们家，就得生男的。”说完气冲冲地离开了病房。

当下陈梅就给刘亮打了电话，把这件事告诉了他。

刘亮没想到自己的母亲如此重男轻女，但碍于工作，他只能在电话那头安抚陈梅，承诺会和母亲沟通的。

从那以后，直到陈梅出院，婆婆都没再来过一次医院。

回到家，婆婆也不再像以前那样热络，且不算两个人一天也说不上一句话，就连平时吃饭婆婆也只是做自己那一份，只有偶尔刘亮回家吃饭，婆婆才会做顿三个人吃的饭。

刘亮也和自己的母亲商量过、争吵过，但都被她一句“生个男孩出来，我就啥也不管”给打发了。

陈梅埋怨刘亮不帮自己，母亲则批评自己的儿子管不了自己的媳妇，原本甜蜜的小家庭就这么被闹得“乌云密布”。

一家人就这么磕磕绊绊地过着日子，在糖糖两岁那年，婆婆身体突然变得不好，先是住了一个多月的医院，回家以后药也一直没断。每天婆婆最爱做的事就是抓着刘亮或是陈梅的手说自己快死了，活不了多久，自己死前唯一的愿望就是想再抱个孙子，刘亮劝说无果只能无奈忍受。

久而久之，夫妻俩也就真动了再生一个孩子的想法。在糖糖四岁那年，陈梅又生了个孩子，而且这次真的生了个男孩，取名叫乐乐。

乐乐的出生让婆婆整天都眉欢眼笑的，恨不得每见到一个人就和他说自己有了个大孙子。也许因为心情好，身体也渐渐硬朗起来。

除了吃奶以外的喝水、洗澡、睡觉、换尿布，乐乐所有的一切婆婆都一手包办了。陈梅有时想要抱抱孩子，婆婆也不放心，在一旁不住地唠叨让她小心点。

乐乐的出生使得原本“冰冻”的家庭关系得到了缓解，刘亮虽然嘴里没说，但是从他一下班回家第一件事就是抱儿子也能看出刘亮内心的喜悦。但自从乐乐出生后，陈梅总觉得对不起糖糖。婆婆的重男轻女陈梅已经习以为常了，但是她觉得连刘亮对糖糖的关心也不再像以前那么多了。每当她要刘亮多关心关心女儿时，刘亮却说她想得太多了。这样一来，陈梅觉得女儿太可怜了，奶奶不爱，爸爸不疼，于是下意识地将更多的精力放在了糖糖身上。

糖糖从小就爱漂亮，陈梅隔三差五地就给她买好看的衣服、亮晶晶的发夹。糖糖做事总是三分钟热度，今天喜欢舞蹈，明天喜欢吉他，几年下来什么才艺都没学精，钱倒花了好几万。刘亮对此很是不满，认为陈梅太惯着孩子了，两个人经常为了这个吵架。

陈梅觉得糖糖在家庭的关爱上已经受委屈了，物质上必须要满足她。于是糖糖从小穿的衣服就是大牌，价格动辄就上千，读的学校也是当地最好的学校。她学习成绩一直不好，为了进最好的学校读书，陈梅花了好几十万。每天放学只要赶得上，陈梅都会开车去接糖糖，即便不能去接，也会提前给糖糖钱让她打车回家。

当别的同学还在玩着翻花绳、跳皮筋时，糖糖已经有了自己的第一部手机。

当别的同学还挣扎在中考的苦海中时，陈梅已经为糖糖计划好了出国读书的一切。

（三）

在陈梅一门心思为了糖糖奔波时，糖糖却变了。最先察觉出异常的是婆婆，婆婆睡眠很轻，周围有一点动静都能被吵醒。

那天晚上，婆婆被一阵低声说话的声音吵醒，老人下意识地以为家里进了贼，于是便很大声地喊了一句“谁在外面”，外面的声音就停了下来。婆婆壮着胆子走了出去，却没发现任何人。

婆婆一开始以为是自己听错了，可接下来的好几天晚上都出现了这个声音，婆婆把这件事告诉了陈梅，于是陈梅当晚便特意晚睡了一会儿，果然没过多久就听到说话的声音，陈梅顺着声音悄悄地走了过去，发现声源来自糖糖的房间。

陈梅趴在门口偷偷听了一会儿，只隐约地听到了“钱”“火车”。她顿时觉得不对劲，便推门进去了。糖糖听到动静后吓得连忙转头，手里还拿着手机。陈梅看着糖糖慌乱的模样，问道：“你这么晚给谁打电话呢？”

糖糖却一下发起了脾气，大吼道：“你懂不懂礼貌，进别人屋都不敲门吗？再说我给谁打电话是我的自由，跟你有什么关系。”

陈梅见糖糖反应这样大，觉得事情肯定不对，便上前去抢手机，糖糖连忙护着手机，一把推开了陈梅。

陈梅没想到糖糖居然会和自己动手，气急之下便顺手甩了她一巴掌。这一巴掌结结实实地打在了糖糖的脸上，陈梅自己吓了一跳，孩子也愣在了原地。缓过神来的糖糖冲陈梅大吼：“我做错什么了你就打我，你凭什么打我啊！”说完推开陈梅就要往外跑，却一下被拉了回来。

陈梅从小便疼糖糖，从来没打过一次骂过一句，这下她一时也不知是该道歉还是安慰。

糖糖捂着脸一边哭一边恶狠狠地看着她，她伸手要摸糖糖的脸：“妈妈不是故意打你的，我……”

糖糖一把甩开了陈梅的手，说道：“你别假惺惺了，你不是早就讨厌我了吗？还在这边装什么？”

陈梅被说得一愣，“糖糖，我多疼你，我为你做了多少你不清楚吗？”

糖糖冷冷地看着她，说：“什么疼我？这个家里有谁是喜欢我的？你们从小到大就只喜欢乐乐，乐乐做什么你们都夸他，我做什么你们都不管，成绩好你们不在意，成绩差你们也不在意，除了钱你又给过我什么？你以为你为我做的那些我不知道是为什么吗？不就是想要补偿我吗？”说完，她就把陈梅从房间里给推了出去。

这一晚，陈梅坐在房间里不停地掉眼泪，她不知道自己究竟是哪里做错了，重男轻女的不是她，非要生二胎的也不是她，最爱糖糖的是她，最关心糖糖的也是她。可为什么糖糖却反过来这样对自己，为什么到头来她要承受这样的痛苦。

陈梅想要和糖糖解释，却又怕糖糖现在根本听不进去自己的话，于是她决定第二天再找糖糖好好聊聊。

谁想到，第二天一大早，公司便临时通知要召开大会，临走前她见糖糖的房门没开便敲了敲，里面没有声响。陈梅就隔着房门跟糖糖说：“糖糖，妈妈要先去公司开会，等妈妈回来跟你好好聊聊好吗？你误会妈妈了，妈妈是爱你的！”等了一会没有回应，陈梅便先走了。

等开完会回到家已经是下午一点多了，陈梅买了糖糖最爱吃的蛋糕，希望能安慰一下女儿。回到家，婆婆带着乐乐在客厅看动画片，糖糖的门依旧关着，陈梅提着蛋糕走到门前敲了敲门，还是没有回应。

婆婆一脸幸灾乐祸地看着陈梅说道："她好像这一天都没出来，不是我说你，这就是你平常惯的，看，现在管不了了吧，这么大的人了，一点不知道轻重。"

陈梅无力地说道："妈，你能少说两句吗？她现在这个样子你以为跟你没有关系吗？"

婆婆看着她的表情，小声地嘀咕道："都是你自己不会教孩子，跟我有什么关系。"

陈梅看着紧闭的房门，试着扭了一下把手，发现门没有锁，开门一看，糖糖却不在屋里，陈梅吓得手里的蛋糕一下就掉在了地上。

婆婆也走了过来，看着空无一人的房间，冷哼了一声："果然生女儿就是没用，养大了就不是自己的了，这可倒好，还没长大呢，就已经跑了。"

陈梅听着婆婆的话气得冲婆婆大吼："还不是因为你，你非要生儿子，要不然我的糖糖又怎么会这样。"说完便跑了出去。

陈梅边在小区里找糖糖边给刘亮打电话，刘亮也赶了回来，两个人一个继续在小区里找，另一个到门卫处调监控。监控显示，糖糖在陈梅离开家后的半个小时也离开了小区，然后再也没回来过。知道糖糖离家出走的陈梅，直接昏倒在了门卫处。

等陈梅醒来的时候已经躺在了医院，她看着站在一旁的丈夫、婆婆和一脸茫然的乐乐，心里满是酸苦，她不知道自己究竟做错了什么，为什么老天要这么惩罚她。

出院后，陈梅就回了自己的娘家，公司的老总破例给她放了一个长假。陈梅开始到处找糖糖，她先是到糖糖的学校，找到平常和糖糖玩得好的同学了解情况。原来糖糖早恋，有一个初中就认识的男朋友，早就辍学了，出事之前糖糖无意中曾经说过那个男的好像要去外地挣大钱，糖糖有可能跟他走了。陈梅想要知道那个男的具体信息，可同学都表示糖糖把男朋友藏得很严，她们也不知道更多的信息了。

现在陈梅的生活里只有两件事，一个是工作，另一个就是找糖糖。

她跟我说想要和刘亮离婚，她觉得自己不可能再回到那个家了，但是又舍不得刘亮和乐乐，于是她和刘亮就这么僵着。她说她绝对不会原谅婆婆。

糖糖离家出走的那天，婆婆一直在家里待着。糖糖走的时候，婆婆在房间里哄乐乐睡觉，陈梅最不能原谅的是她都听到了门那边有动静，却只以为是糖糖出来了，没去理会。从始至终，她都没有想过去关心一下糖糖，如果她当时能出来看一下，糖糖可能就不会走了。

当然陈梅也无法原谅自己，造成今天这一切，都是自己的原因。如果当初不是因为自己太过懦弱生下了乐乐，或者如果当初生了乐乐以后，自己能多关注糖糖的内心成长，这些都不会发生。

老人们重男轻女的观念是很多家庭矛盾的源头。大多数的妈妈们遇到这种问题时会忍气吞声，认为只要自己生个儿子就万事大吉了，但事实却不是如此。

很多家庭生了男孩后反倒增加了矛盾冲突。老一辈的人偏心，家长们自然而然地就会对女儿产生愧疚心，于是物质的满足成了家长们最好的补偿方式，但这种方式仍会造成女儿心灵的扭曲。遇到这样的情况，与其只想着物质上的补偿，倒不如试着在这样的环境中保护孩子健康的成长。

家长绝对不能有“不了了之”的想法，女儿还小，父母是女儿唯一的保护伞。如果你一味地软弱妥协，到最后只会让自己的女儿深受其害。

孩子的健康成长不是只靠家长中的一方就能弥补的，再强势能干的妈妈也代替不了父亲的威严，再贴心温柔的爸爸也代替不了母亲的柔情。因此，孩子的成长是需要家长们共同作用的，父母们要商量好具体应该怎么教，而不是怎么宠，对孩子而言，最好的教育就是正常的教育。

最后，家长们要提升女儿的自我价值观，要让孩子从小就明白，性别从来不是错误，有错的是那些有错误观念的大人们。无论别人怎么说她，她不可以轻视自己。父母要用行动告诉孩子，哪怕全世界都背叛了她，父母依旧会站在她的前面，为她挡去所有的伤害。

我们只要一个孩子，把最完整的爱都给他，不分给别人——这是很多父母挂在嘴上的论调。可是当一个家庭里有了两个孩子，一定是他们分割了父母的爱吗？可不可以每一份爱都是完整的？

16. 顾明

每一份爱都可以是完整的

（一）

一些在是否生二孩这件事上犹豫不决的父母，或者是那些从最开始就拒绝生二孩的父母们，他们对这件事很大的顾虑之一便在于，担心第二个孩子会分割走第一个孩子得到的爱。这种患得患失的情绪让他们在二孩出生之前便先将那个无辜的孩子当作了假想敌。

会产生这种想法的人，多数是独生子女，或者是童年时期并没有得到父母多少关爱的人。

父母中，偏心者常有。对一个孩子非打即骂，却把所有的温柔和关怀都给另一个孩子，这种事情并不少见。我们熟知的《郑伯克段于鄢》的故事，便是源自于母爱的不平等。

爱并不是实际的物质，原本就无法被分割。偏心的父母也并非因为分割了爱，他们的偏心是因为从一开始便不爱。身为父母，他们可以给一个孩子足够的爱，同样可以给另外一个孩子同等的爱。爱是无限的，只要是有心的父母就能给每一个孩子完完整整的爱。

对顾明而言，生二胎这件事并不在他的计划之中。顾明是我的大学同学，我们是在文学社里认识的。

顾明算是个文学青年。他的妻子叫小晴，结婚的第二年，小晴顺利怀孕。当得知小晴怀孕的那一刻，顾明才意识到自己是一个成年人了。他必须得作为一个成年人去负担起他在这个社会、这个家庭中的责任。

十月怀胎，那个重要的时刻来临后，顾明和小晴的世界中多了一个美好的女儿。

刚出生的女儿小脸红红的，脸上的皮肤都皱在了一起，但是在顾明看来，她是全世界最美丽的生灵。女儿闭着双眼，哭个不停，顾明觉得这是他这辈子听过的最动听的声音。

(二)

女儿小雨就在这充满诗意和爱意的家庭中成长起来。女儿很喜欢看那些画面优美的绘本，喜欢听顾明给她读诗歌，还喜欢将彩带系成各种各样的形状。夫妻俩很喜欢陪着孩子一起玩各种小游戏。顾明有时候会感叹，那无形的爱情化作实体后，竟然会是如此可爱的小东西。女儿发出的每一个声音，做出的每一个小东西，脸上的每一个笑容，几乎都能令顾明想起他与妻子相处的每一个细节。

当我问起他们是否打算要二胎的时候，他斩钉截铁地说了不。

不，他不会要二胎，他要把自己和妻子两个人全部的爱都送给膝下这个小女孩。

顾明爱小雨，这份爱浓烈而深切，他将自己的一切温柔送给小雨，却担心自己给小雨的爱还不够多。所以，他绝不会允许有另一个小东西来分走小雨原本拥有的爱。

“你这个理论不对啊。”当顾明说出他的想法时，同事反驳他说，“你自己的爱你还不能控制吗？没听说有人还会害怕自己给别人的爱能被分走的。”

“人又不是机器，不是什么事情都能自己控制的。”顾明说。

他觉得自己的顾虑没有错，女儿此时正无比幸福地在他们夫妻二人的呵护下成长，可是如果再添一个宝宝，如果那时候顾明和妻子把大部分精力都分在了那个宝宝的身上，忘记了女儿也需要同样多的爱，忘记了自己曾经多么希望给女儿幸福，那可怎么办呢?

如果我忘记了我有多么爱你，那么你可怎么办呢?

会有这种顾虑，可能因为顾明是个无比浪漫的人吧。

父母的相处模式往往决定了一个家庭的氛围。顾明与妻子之间的甜蜜，两个人与小雨之间的天伦之爱让顾明相信，在这种环境中成长的小雨，必定能拥有快乐而充实的人生。

当小雨渐渐长大，有了自己的想法后，顾明意识到，自己想得太过简单了。

有一次，顾明和小晴带小雨一起去公园爬山。那时候刚刚入秋，山上有许多小虫子，顾明打算给小雨讲一讲各种虫子的形态，让小雨能够认识大自然。

到了山上，那里有一对母女也在找虫子玩，小女孩看起来跟小雨的年纪差不多大。

小雨开心地跑到了那个女孩的身边，好奇地问：“你在看什么呀？”

女孩子抬起头看了一眼小雨，然后继续低头看着脚下，说：“看这个虫子，你看它的翅膀可真亮！”

“真的啊！好漂亮！”

“你看我把它翻过来！”

那个女孩拿起一根木枝拨弄起那只小虫子来。小虫子被翻了个底朝天，小雨立刻惊呼出声。

“好厉害啊！”

“你看它的肚子上，好多脚啊！”

“脚上还有毛呢！”

那一天，小雨始终在和那个女孩子玩，并交换了彼此的姓名和年龄。

女孩比小雨小了半岁，于是小雨一直叫她“妹妹”“妹妹”。她们一起玩了一上午，到了中午，两家人都必须要回家吃饭了。可两个孩子都不愿意回家。在百般劝慰下，顾明和小晴终于把小雨抱下了山。那一天，小雨是哭着回到家里的。

顾明一直觉得自己的女儿已经十分幸福了，可那一天到晚上睡觉前，小雨还在惦记着那个小妹妹。

“好想她啊，为什么我就没有一个小妹妹呢？”

“你有爸爸妈妈，还不够吗？”小晴开玩笑地问。

“可是爸爸妈妈是大人，又不是小孩子。”

顾明无奈地摸了摸小雨的头。

（三）

最终，顾明改变了最初的决定，他跟妻子小晴决定再要一个孩子。

直到第二个孩子出生之前，顾明还在问自己，这样是对还是错？万一真的如他担心的那样，因为第二个孩子的出生而忽略了对小雨的爱，小雨该怎么办呢？

好友聚会时，他和我说起这件事，我哑然失笑。太多的父母和顾明一样，孩子还没出生，担忧就先“出生”了。我拍了拍他的肩膀，神秘兮兮地告诉他：“只要你生了，就会后悔当初没早点生第二个了。”

即便如此，他内心仍觉得“背叛”了小雨。带着这样的心情，顾明现在对小雨加倍的好。每一次，当他怀着爱和感恩的心期盼妻子腹中第二个胎儿出生时，他都会立刻陪小雨玩上一阵子，为的是让自己能够心安。

第二个孩子就在这微妙的氛围中出生了。这一次是个男孩，与当初皱皱的小雨不同，他刚刚出生就白白胖胖的，小脸圆圆的，看起来可爱极了。当看到这个孩子的一瞬间，顾明知道，自己的整颗心再度沦陷了。

神奇的是，这一刻，顾明并没有感到自己因为这个小婴儿的出生而忘记对小雨的爱。相反，他感到自己爱小雨的心更加强烈了。正因为两个孩子是如此的不同，他才没办法忽略任何一个的存在。

人的感情是很神奇的东西，有时候，人们的爱专一又独断，不容许任何他人介入；可有时候，人们的爱又博大而广阔。不同之处只在于爱的对象与形式。

小风的出生给顾明的家里带来了新的气象，原本温柔诗意的家里多了喧闹和嘈杂。与小雨的婴儿时期不同，以前每一次小雨哭闹时，小晴都会温声细语地哄她逗她；可当小风哭闹的时候，率先过去逗他开心的，却是女儿小雨。

顾明曾经的担心如今看来是庸人自扰了。小风并没有分走小雨得到的爱，反倒是分走了她对父母的依赖。不过，顾明并没有因此而掉以轻心。爱一个孩子是很容易的事情，爱两个孩子也是很容易的事情，但要让两个孩子都能觉得自己得到了父母全部的爱，便不是那么容易的事情了。

在小风还是小婴儿的时候，顾明还是可以给小雨买许多玩具，陪小雨去许多地方，让小雨感受到父亲永远都是她最亲近的亲人。这时候，小风只会在婴儿车里玩着他的小玩具，喝着他的奶，睡着他的觉。但是，当小风渐渐长大，争宠行为便顺理成章地发生了。

小风对爸爸妈妈的态度，与对姐姐的态度是完全不相同的。小风依赖爸爸妈妈，就如同每一个婴儿对父母的依赖一样。他也依赖姐姐，但并不是期望姐姐能够成为自己的依靠，只是在情感上对姐姐有要求。

尽管小雨很乐意照顾弟弟，可父母总是一再强调，弟弟是不需要她来照顾的。

“不需要你照顾弟弟，那些是父母的事情，你只要努力照顾好自己，跟弟弟在一起玩的时候不要让他受伤，就足够了。”

可能因为父母说得多了，所以当小风遇到什么问题的时候，小雨总是第一时间喊爸爸妈妈来帮忙。当小风懂事后，他遇到什么状况，也是第一时间喊爸爸妈妈，而不再要求姐姐了。

家人关系就这样形成了，小风与小雨并不存在依赖关系，他们是平等的，平等地接受着父母的照顾。

在这种父母给的爱是孩子唯一的资源的情况下，两个孩子便会为了争取这个资源而发生一些摩擦。这就是最初的最初，顾明曾经担忧过的问题。

（四）

大概是在小风两岁多的时候，他就颇有一点“唯我独尊”的气势，仿佛家里所有人都应当围着他转才好。有时候，妈妈陪姐姐玩得开心的时候，小风就会哭着闹着要妈妈陪自己玩。

小风其实更喜欢一个人玩玩具。可是当妈妈跟姐姐在一起时，他就仿佛离了妈妈就不行，非要妈妈跟自己一起玩才好。

小风毕竟比较小，这种时候，小晴通常都会顺小风的意，被丢在一边的小雨就会觉得委屈。小雨与小风不同，她不喜欢争宠，只会一个人悄悄地在旁边难过。当她难过的模样落入顾明的眼中时，一向疼女儿的他有说不出的心疼，甚至在内心责怪起儿子来。

好在没一会儿，小雨又仿佛没事人一般跟小风开心地玩在了一起。

那段日子里，小风总是跟姐姐争宠。起初，小雨还会因为妈妈或爸爸被抢走而委屈，渐渐地，每一次小风开始争宠，小雨只是撇撇嘴，就自己去一边玩别的了。

有一次，顾明有意地试探小雨，他问：“你觉得家里是弟弟出生之前好，还是出生之后好呢？”

“出生之后。”女儿立刻回答。

“为什么？他会抢你东西，还不让妈妈陪你。”

“他喜欢我的东西我就借他玩好啦，没关系的，他想让妈妈陪他，那我就自己玩好啦。”

“那你自己玩不觉得难过吗？”

小雨摇了摇头，“谁让他那么小，就让妈妈陪他好了，我已经长大了。”

小雨的神情是自信且坦然的。

这让顾明认识到，小雨并没有在这场争宠行为中受到伤害，相反，她获得了成长。

永远在父母呵护下的小孩子是很难成长的，可对小雨而言，仅仅一年，她就变得独立了许多。这种独立并不是因为得不到足够的爱而不得不如此，而是能够站在他人的位置去想，拥有更成熟的思考方式的独立。因为小雨的世界里并不是只有她自己，还有一个弟弟。他们是两个同时被父母用全部的爱来宠爱着的小孩子，而在父母的爱意之下，他们彼此之间也在培养属于他们自己的爱的方式。

我把妈妈让给你，这便是我爱你的方式。但让给你的只是妈妈的时间和精力，妈妈的爱始终在那里，从未有任何更改。这大概便是小雨此时的心情。

小风的争宠行为只持续了一年多，过了那个年纪，他也开始成长，比起跟姐姐抢爸爸妈妈的关注，他更热衷找姐姐跟他一起玩了。或许他已经意识到，与同辈人一起玩要比父母的陪伴有趣得多。

当两个孩子之间的联系越紧密，顾明越是能感受到，对父母来说，两个孩子其实是一个整体，不论是一个孩子，还是两个孩子，父母都可以把全部的爱献给他们。至于他们自己，或许他们彼此之间的爱与父母给予的那些有着同等分量，甚至有着更重的分量也说不定。

他甚至开始真的后悔，当初没早点生下小风。

离异后再婚组成的“二孩”家庭会遇到比普通家庭更多的问题，两个孩子之间如何相处？父母双方如何与对方的孩子相处？

17. 邓其阳

汇聚在一起，便是江河

（一）

有一种二孩家庭与其他普通的家庭不同。在这样的家庭里，孩子往往只与父母中的一人具有血缘关系，这种关系的不同决定了家庭内部的状态必定也与其他家庭截然不同。

那些子女已经成人的父母们，他们在一方伴侣离世或因为夫妻关系不和而离婚后，完全可以自由追求自己的人生，寻求另一份幸福。但还有一些子女未成年的父母们，尽管他们已经是单身，但他们要寻找新的人生幸福难上加难。

有不少人会放弃自己的幸福，一个人将子女抚养成人。而有些人在几番兜兜转转后，找到了真正适合自己的人，可两个人决定在一起的时候，如何处理双方子女的关系便成了一个问题。要两个毫无血缘关系的孩子相互磨合，共同生活，并没有那么简单。

每当想起从前，邓其阳总是想，如果当初他再多考虑一些，再谨慎一些就好了。如果有时间机器，邓其阳非常希望回到过去，改变一些非常重要的决定。

邓其阳是早婚。他结婚的时候才刚到法定结婚年龄，如果法定的这个年龄再低一些，他大概还会更早两年结婚。

妻子是他的初恋，也是他的高中同学。高中一毕业，邓其阳就开始出门打工，为的是赚钱养他与妻子两个人的小家。

父母自然不同意他的胡闹，但他正处于叛逆期。那时候就算是离开家，断绝父母的经济支持，他也一定要为了自己和恋人的人生而努力打拼。于是，在同龄人都开始读大学，见识全新的世界时，他却开始了辛苦打工赚钱的日子。

邓其阳很聪明，他相信人生得意须尽欢。他将那份聪明用在了工作上，很快便得到老板的赏识，才干了一年就被老板任命为领班。邓其阳认为自己的人生已经进入正轨，便与妻子生了个孩子。那一年，他的高中同学们还在为英语六级成绩而焦头烂额。

正当青春的时候，邓其阳与恋人山盟海誓，但在生活的重压下，所有的浪漫都变作了柴米油盐，邓其阳还在努力地为这段人生拼搏，可妻子却已经感到无法支撑。

妻子才二十岁出头，却已经是一个孩子的妈妈了，其他的同学还在父母面前撒着娇，她却每天被一个婴儿需要着。慢慢地，妻子的心态愈发不平衡，对孩子的态度也越来越差。有一次甚至直接去打孩子，也是那一次，邓其阳发现妻子早已变成了跟当初那个热情可爱的女生截然不同的女人。

提出离婚的人是妻子，邓其阳并没有挽留。他们的婚姻持续了三年多，离婚那年，女儿小琪还不到两岁。邓其阳正式成为了单亲爸爸。

单亲爸爸并不好当，他要工作赚钱，还要照顾女儿。好在这几年他存了不少钱，他决定先拿这些钱来开店，这样他有更多的时间可以照顾女儿。

邓其阳长得干净，脾气好又很勤快，所以他的店开了没多久便有了不少回头客。等生意彻底地稳定下来，他便在店里多雇了几个人，自己就能拿出更多的时间来照顾女儿。

这些日子的艰难只有邓其阳自己心里清楚。他又是当爸，又是当妈，同时还要照顾店里，提防出现什么差错。那时他唯一的优势便是年轻，觉得自己还有力气折腾。

（二）

邓其阳没有想到他这个单亲爸爸一当就是八年。曾经那个十几岁的青涩大男孩在生活的磨砺中，渐渐长成了一个有担当的成熟男人。不过在经历过上一段婚姻之后，他不再那么相信婚姻了。

到了放暑假的时候，邓其阳给小琪报了一个夏令营，这个夏令营是需要家长跟着一起过去的，只不过大多数时候家长只能作为旁观者，许多活动只允许孩子们自己参加。为了能安心参加这个夏令营，邓其阳提前将店里的事情安排妥当了。

那天的阳光十分刺眼，可女儿笑得就如同灿烂的向日葵，当他们走向机场时，阳光打在女儿银色的裙子上面，泛起了柔和的光芒。邓其阳觉得，那一幕就仿佛画卷一般被定格。

夏令营的地点在海边。这个夏令营的组织方十分专业，早几个月前就开始布置各种设施。到了那里，小琪直接跟着老师去了宿营区，而家长们则被安排在不远的酒店里。酒店的大厅有一个专门给家长准备的休息区，就是在那里，邓其阳遇到了楚楚的妈妈，也遇到了在夏令营做指导教师的我。

我和楚楚妈妈之前就见过面，不算熟识，但也能说上几句。楚楚妈妈很温柔，大家聊天的时候，她总是耐心地听，时而笑笑。不知怎的，邓其阳特别想知道，当她笑的时候，心里在想些什么。

于是，趁楚楚妈妈起身去买果汁时，他也跟了上去。

“刚才，那个老吴说话的时候，你在笑什么？我太好奇了。”邓其阳问。

“那个啊，我想起了之前看过的一个笑话。”

楚楚妈妈给邓其阳讲了一遍那个笑话。听完之后，想起刚刚老吴的神情，邓其阳也忍不住笑起来。两个人就这么莫名其妙地在吧台那里笑个不停。

聊天后，邓其阳知道了她是个单亲妈妈。在遇到她之前，他见到过一些单亲妈妈，大部分人看起来都十分疲惫和辛苦，可楚楚妈妈却不同，她乐观得就像是个孩子。楚楚妈妈的这个特质吸引了邓其阳，而在谈话间，他也发现两个人有许多共同话题。

这个夏令营，对小琪来说，是一次有趣的尝试；对邓其阳自己来说，也是一次发现不同人生的机会。自从与前妻离婚以来，这是邓其阳第一次感到心动。

经历过一次失败婚姻的邓其阳已经不敢太多冒险，在整个夏令营中，他始终与楚楚妈妈保持着单纯的友好关系。

（三）

夏令营结束之前，邓其阳与楚楚妈妈互相留了电话。夏令营结束后，邓其阳继续着一边养女儿一边照顾店的生活，有时候，他会约楚楚妈妈出来吃顿饭。接触得多了，两个孩子也变得熟络起来，成了可以交换秘密的好朋友。

而我也因为几次接触与两个人成了好朋友，虽然我有意撮合他们，但缘分不能勉强，尤其还是两个单亲父母，他们需要面对的问题更多也更复杂。

这种状态持续了足足两年。

直到某一天，楚楚妈妈问我：“重组家庭对孩子的成长会不会更好？”我知道她的想法，从一个专业人士的角度冷静地帮她分析情况。其实单亲和重组并不能一起平等地比较，准确地说，没有一种教育现象能完全平等地放到一起比较，单亲和重组都是特殊家庭的一种，这样的说法没有歧视更没有批判，只是事实。具体地，你想选择哪一个，并没有百分百的答案，需要注意的是——要将孩子的想法放在第一位。

楚楚妈妈支支吾吾地说：“应该……没有问题吧，楚楚，嗯……不是很反对。”我笑了笑，继续说道：“如果真的重组，辛苦是肯定的，毕竟你需要平衡一个四口之家，它不像原生家庭有血缘的羁绊，再吵再闹也还是一家人。当然啦，重组家庭过得幸福的也有很多。”

而邓其阳那边也试探性地问了女儿：“以后让楚楚妈妈做你的妈妈好不好？”

小琪有点发懵，她虽然还是小孩子，但已经懂很多东西。爸爸与楚楚妈妈这两年的交往她一直看在眼里，在她看来，目前的状态便很好，她从没想过，有一天自己真的要叫阿姨“妈妈”。

“我也不知道，如果我管楚楚的妈妈叫妈妈，楚楚会不会生我的气呢？”

“你呢？如果楚楚叫我爸爸，你会生气吗？”

小琪愣了愣，说：“可你是我的爸爸，你是我一个人的爸爸啊！”

“我当然永远是你一个人的爸爸，可如果楚楚妈妈当你的妈妈，那我也要同样去当楚楚的爸爸啊。”

小琪没再说什么，对她来说到底还是有些别扭。

“不过，”邓其阳笑着摸了摸女儿的头，“如果你不同意，那就算啦。”

邓其阳已经快三十岁了，早没了当初的青涩，做了快十年的父亲，原本的叛逆已经化作了温柔，倔强也变为成熟。

面对一个这样温柔又美好的爸爸，小琪实在不忍心说出拒绝。

“只要你保证还会继续爱我，保证我们的生活不会有变化。”

“我们的生活一定会有变化的。”邓其阳耐心地说，“但是如果你相信爸爸，你就要记住爸爸说的话，那就是生活只会变得越来越好。”

小琪没说话，只是点了点头，藏起了心中的百般不愿。

几个月后，邓其阳与楚楚妈妈正式举行了婚礼。婚礼结束之后，两家四个人搬进了新房子。

这是一个全新的家，三室二厅，三个卧室中的两个给了小琪和楚楚，另外那个则是邓其阳和楚楚妈妈的房间。搬进来的那天，两个女孩子特别兴奋，因为她们今后可以每天都待在一起，一起上学，一起放学，还可以一起去街对面那家店里吃冰淇淋。

这场景令邓其阳很感动，他为了得到接下来的长久人生中的这种幸福愿意付出更多。

(四)

邓其阳与女儿有一个固定活动，那就是每周末在公园里打排球。而楚楚的周末，往往是在家里练琴。

婚后的头几个月里，两个孩子都维持着原本的习惯，按照各自的步调去生活。至于使用的东西，也都是各用各的，互不打扰。

一到周末早晨，楚楚妈妈都率先起床去厨房准备吃的，邓其阳则去把球打满气，再换上一身运动装等待小琪。小琪在匆匆洗漱之后，也穿上运动服，与父亲一同出门，这个时候的楚楚往往是在读了一阵子书后，再开始练钢琴。

这样看起来似乎很和谐，可邓其阳总觉得这个家庭仿佛缺了点东西。他也说不出究竟是缺了些什么，如果女儿和楚楚是一对亲生姐妹，她们会这样相处么？他记得在结婚之前，两个女孩的关系还很好，为什么在结婚之后，两个孩子却显得疏远了许多？

到了下一个周末，小琪穿好了运动衫，正兴致勃勃地催促爸爸一起出去打球。邓其阳却来到了正坐在钢琴边上读书的楚楚身旁，问："要不要一起去？"

楚楚愣了愣，问："一起去什么？"

"一起打球啊！你好像一次都没去过。"

"可是我不会打啊。"

"打几次就会了，你说呢小琪？"

小琪立刻笑嘻嘻地说："是啊，打几次就会了，一起来打球吧！"

楚楚露出为难之色，说："可是我还要练琴呢。"

"可以换个时间练琴啊。"

这个时候，原本正在厨房里忙碌的楚楚妈妈走过来，在楚楚肩上拍了一下，说："你也去吧，去吸收紫外线，有好处！"

楚楚终于放下书本，笑着站起了身，说："等我去换衣服！"

楚楚很少打球，邓其阳带着她多练了几次，还让小琪帮楚楚纠正姿势。当楚楚渐渐进入状态后，邓其阳退到一旁，将打球这个事情完全交给了两个女孩。

很奇妙，这两个完全没有任何血缘关系的孩子在打球的过程中形成了一种神奇的和谐感。她们是朋友，却因父母的关系而拥有了比朋友更近一层的关系。

邓其阳见过许多重组家庭，是父母重组，孩子们却各怀心事。有些小孩子在父母的强势要求下，不敢表达自己，但从种种表现上都能看出他们对新家庭的排斥。

邓其阳不希望小琪变成性格沉闷的孩子，他希望女儿能够永远快乐，为了能维持这份快乐，哪怕牺牲他自己的终身幸福也没有关系。

可在遇到楚楚妈妈之后，他又有了新的想法。

他陪女儿打了多年的球，可事实上，女儿更需要一个与她年纪相当的朋友。

（五）

这个世界上最尽职的父母并不是那种无时无刻都陪在孩子身边的，而是在给予了足够的陪伴之后，能在适当的时候，让孩子不再需要自己陪伴的那种。

父母带领下的成长，远不如两个孩子相知相伴共同前进的成长更有意义。邓其阳看到现在的许多家长几乎把孩子捧在了手心里，他觉得这样不好。孩子不应该被捧在手心，应该放在地上，让他们自己去跑，自己去探索，父母需要做的只是在他们遇到自己无法战胜的危险时，上前去帮一把。

所以，尽管他把许多时间都用来陪伴小琪，但他更希望小琪能在自己的世界里找到她的位置，能够活出真我。

单亲家庭的一大特点便是单亲爸爸和妈妈们往往跟自己孩子的关系过于紧密。因为他们已经失去了自己的爱情，孩子往往成了他们生活中最大的意义。而重组家庭，则与单亲家庭截然相反，原本建立的紧密关系会在重组之后开始疏离。

疏离，不是因为爱减少了，而是要放手让孩子自己去感受人生。

结婚的第二年，邓其阳和妻子又给两个孩子报了夏令营。这一次是只有孩子参加的夏令营，他们则老老实实地呆在家里。

很少让女儿离开自己身边的邓其阳心中始终感到焦虑，虽然他信任夏令营组织者的专业，可他不放心女儿的自立能力。

“放心吧爸爸，我会照顾好小琪的！”

当邓其阳再一次唠叨他内心的不安时，楚楚微笑着安慰他。

如今楚楚已经能十分自然地喊他爸爸了，这大概要归功于邓其阳始终真心实意地将楚楚当作自己的女儿。小孩子其实非常容易受到家长的影响，邓其阳真心疼爱楚楚，小琪同样把楚楚当作自己的亲姐妹一样对待。

楚楚妈妈也是一样，她总是给小琪做各种好吃的小饼干，小琪不叫声妈妈自己都觉得过意不去。

“你自己不也是没独自出过门？”邓其阳苦笑着对楚楚说，“总而言之，你们两个互相照顾吧，爸爸妈妈不在身边，你们是彼此唯一的支撑了。”

“我们早就是啦！”小琪笑着对爸爸说。

楚楚妈妈将她做好的小饼干都塞进了两个孩子的行李箱，还有一些应急用的东西也放了进去。

“这次的夏令营主要是锻炼你们独立生活的能力，别让爸爸妈妈失望啊。”楚楚妈妈微笑看着两个孩子说。

邓其阳无比佩服妻子的乐观，在这一点上，楚楚是遗传了妈妈的个性。两个孩子在一起玩的时候，总是楚楚的韧性更强一些，小琪则是抱怨撒娇的那一个。不知不觉中，这种性格特质也令两个孩子形成了她们独有的相处模式。当处理同一个问题时，楚楚通常是细心的那一个，小琪则是大胆的那一个。正是通过这样互补的方式，两个人渐渐找到了一个平衡点，在这个平衡点的支撑下，两个人的力量被凝聚在了一起，形成一股更加强大的力量。

原本，只是四条独自流淌的涓涓细流，可当这四条细流汇在一起便成为一条可以行舟的江河。人与人之间，正是通过这样一条又一条的江河，来完成整个文明历程的进化。

邓其阳和妻子送两个孩子到机场，夏令营的组织者早已等待在那里。他们将两个尚且稚嫩的小孩子交到了组织者的手中，他们交出去的是一段全新的故事，是两段全新的人生。而邓其阳自己也终于可以抛开过去，将目光着眼于未来，继续在这条不知还有多少曲折情节等待着自己的人生道路上前行了。

这世上许多故事，大抵可以总结为缘分，各种各样的缘分汇聚成了多姿多彩的人生。父母与子女是缘，子女们之间是缘，生活中的萍水相逢是缘，偶然相逢在同一屋檐下更是缘。当两个毫无关联、毫无交集的孩子，因父母一段重新出发的情感而生活在了一起，这就是美妙而无可替代的缘分。

半路重组的家庭，没有原生家庭从最初开始就有的深刻羁绊，没有血缘关系的无形牵引，却有着命中注定的独特浪漫。智慧的人必定能将这份浪漫书写成动人的诗歌，并在回忆里留下如阳光般肆意而璀璨的美好。

后　记

17 个家庭，17 对父母，34 个天真可爱的天使。

他们是普通家庭中的典型，却又是典型中的普通人家，他们的身上有着属于自己的幸福，也有着和我们类似的烦恼。

我很幸运，也很庆幸自己从事了儿童教育的行业，这让我获益匪浅，也让我能为其他的家庭贡献出一份力量。随着经历的增多，我越发感受到那些形形色色的家庭问题，其本质都殊途同归，大多是父母的问题。

我们上一代人生活的时代，独生子女是少数，大多数家庭都有两三个甚至更多的孩子，也许经济拮据，但他们都是在兄弟姐妹的互相扶持下慢慢长大。

从计划生育，到全面二孩，我们不过是又回归到以前的家庭模式。但是，两个孩子间的矛盾、夫妻间的矛盾、两代人间的矛盾、隔代人间的矛盾……回归带来的不是甜蜜的幸福，也不是双重的温馨，而是前所未有的问题和压力。

这些问题和矛盾都不是个例，而是很多家庭普遍面临的难题。也许你不知道该不该生二孩，也许你担心生了以后会遇到各种各样的问题，也许你已经和他们有了同样的问题，或许你能从他们的问题中找到答案。

翻开这本书，希望它能帮你脱离孩子教育的“乌托邦”，找到属于你们家庭生活的小确幸。